町山智浩のシネマトーク

恋する映画

はじめに

「これはラブストーリーではない」

恋に恋する青年と彼の理想の彼女との５００日間の恋愛を描いた映画『(５００)日のサマー』は、そんなナレーションで始まります。

「これはラブストーリーじゃない」

高校の文学少女とアメフト選手と高校一の美人の三角関係を描く映画『ハーフ・オブ・イット：面白いのはこれから』も同じようなナレーションで始まります。

「愛とか恋とか、何なんだよ！　そんなことじゃねえんだよ！」

『愛がなんだ』にもそんなセリフが出てきます。自分を決して愛さない片思いの彼に生活も人生も捧げる女性を描く映画です。

これが愛とか恋とかについての映画でなけりゃ、いったい何の映画なんでしょう？

本書は『トラウマ恋愛映画入門』（集英社）に続く2冊目の恋愛映画評論集です。あちらでは、「恋愛オンチのために」ということで、甘いロマンスのエンターテインメントではなく、リアルで痛くて苦い、厳しい恋愛映画について論じました。『アニー・ホール』『日の名残り』『めまい』『ラストタンゴ・イン・パリ』『ブルーバレンタイン』など、その多くが、男たちの失敗について描いたものです。『道』で、天使のような「妻」ジェルソミーナが死んだ後で彼女を心から愛していた自分に気づいて、夜の浜辺で虚しく砂を握りしめて号泣する大男ザンパノの姿が、そんな男たちを象徴しています。

本書ではさらに踏み込んで、そもそも、恋愛とは何か、なぜ、人は人を好きになるのか、ということを、映画を通して考えていきます。

『（500）日のサマー』のトムがサマーに失恋して得た宝物とは？

『マリッジ・ストーリー』はノア・バームバック監督自身の離婚経験を描いているのに、なぜ「結婚の物語」というタイトルなのか？

『美女と野獣』はその起源を2世紀のローマまで遡（さかのぼ）れる。その間に男女関係の描き方は、どのように進化してきたか？

『愛がなんだ』のヒロインはなぜ、絶対に自分を愛さない男を愛し続けるのか？

『SHAME』の主人公はセックス依存症によって、いったい何から逃げているのか？
『汚れた血』のタイトルと、疾走し続ける主人公の関係は？
『COLD WAR』のヒロインは、東西冷戦下のポーランドからパリに亡命し、愛する彼と結ばれて、歌手として成功し、幸福を手に入れるが、なぜ何もかも放り出してしまうのか？
『ハーフ・オブ・イット』は、なぜ列車に乗る見知らぬ人々の顔で終わるのか？

これらの映画の主人公は恋愛を通して、それを超えた向こう側にたどり着きます。それは「他者」です。人は人を恋すること、愛することで、自分以外の人の気持ちをどうしても知りたいと願います。そのためには自分の心も開かねばなりません。それによって、今まで知らなかった本当の自分自身を知ります。

そして変わります。自分として生きるため。

人は自分自身では変わることができません。そのチャンスをくれるのが恋であり、愛なのではないでしょうか。

「ラブストーリーではない」「愛とか恋じゃないんだ」という映画は、こう言いたいのかもしれません。

「これは人生についての映画です」と。

2021年4月　町山智浩

町山智浩のシネマトーク

恋（こい）する映画

スモール出版

町山智浩

町山智浩のシネマトーク　恋する映画　目次

(500) Days of Summer

「これはラブストーリーではない」。では、いったい何？

『(500)日のサマー』

2009年／アメリカ
監督 マーク・ウェブ
出演 ジョセフ・ゴードン=レヴィット、ズーイー・デシャネル、ジェフリー・エアンド、クロエ・グレース・モレッツ

作者からの覚書

『（500）日のサマー』は、「作者からの覚書」という字幕で始まります。「作者」とは、脚本家のスコット・ノイスタッターです。

「この作品はフィクションです。登場人物が誰かに似ていたとしても、それはまったくの偶然です。——ジェニー・ベックマン、お前のことだよ、ビッチ！」

偶然じゃないじゃん！

最初に、脚本家がモデルにした自分の元彼女の実名を出してるんです。これはとんでもない映画です。

運命の人と出会うまで

主人公トムくん（ジョセフ・ゴードン＝レヴィット）の勤め先は、ロサンジェルスのダウンタウンにある、グリーティングカードの会社です。誕生日や結婚のお祝いや、病気のお見舞いの手紙を作っています。トムはそのカードの文面を書くコピーライターですが、生気のない、死んだ目をしています。

「トムは決して幸福になれないと思っていた。運命の人と出会うまでは」

というナレーションが入ります。

「彼の考えは、イギリスのポップ・ミュージックと、『卒業』という映画の解釈の間違いから生じた」

そこで、中学生の頃のトムが、イギリスのバンド、ジョイ・ディヴィジョンのTシャツを着て、テレビで『卒業』（1967年）を観るシーンが挿入されます。

ジョイ・ディヴィジョンの曲では「Love Will Tear Us Apart」（1980年）が有名です。「愛だけが僕たちを引き裂く」というタイトルで「僕を愛してくれよ。愛してくれないじゃないか。僕は孤独だ」という、「このまま自殺するんじゃないか？」みたいな暗い歌詞をポップな曲に乗せています。ボーカリストのイアン・カーティスは、女性との関係とかいろいろこじらせて、実際に自殺してしまいました。

ジョイ・ディヴィジョン（Joy Division）は直訳すれば「快楽部」ですが、これはナチス・ドイツがユダヤ人の女性たちを慰安婦にしていた施設の名前です。そういうひねくれたダークなバンドなんです。トムはアメリカ人だけど、明朗快活なアメリカン・ロックを聴くような体育会系じゃなくて、イギリスとかヨーロッパの暗い音楽を聴くような文化系サブカル男子なわけです。なにしろ演じているのが、ものすごいなで肩のジョセフ・ゴードン＝レヴィットくんなのでリアルです。


『卒業』


「『卒業』は僕にとって最も大切な映画なんです」

脚本家のスコット・ノイスタッターはインタビューでそう言ってます。［注1］

『卒業』は映画史にとっても重要な映画です。それまでのハリウッド映画は「ヘイズ・コード」という自主倫理規定に縛られ、セックスや暴力の描写、さらに社会や権威に対する批判的な主張が禁止されていました。しかし、『卒業』は大人の腐敗に対する若者の反抗を描いて世界的に大ヒットしました。

『卒業』の主人公は、大学を出たけど何をしたいかわからない若者ベンジャミン（ダスティン・ホフマン）。彼は金持ちのロビンソン夫人（アン・バンクロフト）に誘惑され、童貞を捨てます。夫人とのセックスに溺れながら大人の社会の偽善に対する嫌悪を募らせるベンジャミンは、ロビンソン夫人の娘エレイン（キャサリン・ロス）に出会い、2人は真剣に愛し合います。それを知ったロビンソン夫人は激怒し、エレインを別の男と無理やり結婚させます。ベンジャミンは結婚式が行われる教会に突入し、花嫁姿のエレインを奪って2人でどこまでも逃げて行きます。

この『卒業』によってアメリカ映画界にはニュー・シネマという革命が起こりました。それまでの常識を破る、自由な映画が作られていったのです。

『卒業』（1967年）

『卒業』の結末を観るたび、僕の解釈は変わります」ノイスタッターは言っています。

「あんな終わり方にしたいんです。映画を観た帰りに議論になるような」

では、トムがした「解釈の間違い」とは何だったのでしょう？

それがこの映画が投げかける第一の謎です。

これはラブストーリーではない

トムは、会社に新しく入社した女性サマー（ズーイー・デシャネル）を見て、その瞬間に恋に落ちます。そして「これはボーイ・ミーツ・ガールの物語である」と、ナレーションが語ります。


次に、トムとサマーがベンチに座って、タキシードみたいな服を着ているトムの手に重ねられたサマーの手の薬指には婚約指輪らしきものがはまっています。どうも未来のようです。これを見ると「映画の最後には2人が結ばれるんだろう」と思いますが、ナレーションはこう言います。

「これはラブストーリーではない」

え？　どうして？

それは第二の謎です。

『（５００）日のサマー』は、トムという青年がサマーという女性に恋した５００日を描いた映画です。実際はトムは５００日の半分くらいでふられてしまうので、残りの半分は失恋で悶々としているだけですけどね。

この映画はその５００日を時間軸に沿って描きません。トムがサマーと別れた後に思い出している構成なので、たとえば４００日目を思い出した後に3日目のことを連想したり、時系列は行ったり来たりします。その配置は一見ランダムなようで実は緻密に計算されています。

アニー・ホール

『（５００）日のサマー』の構成は、ウディ・アレン監督の『アニー・ホール』（１９７７年）という作品に強く影響を受けています。

『アニー・ホール』は、ウディ・アレン扮する主人公アルビーがアニー（ダイアン・キートン）との恋愛を振り返る映画で、過去は前後入り乱れて回想されます。恋が終わった後、あの時ああすればよかった、こうすればよかったと思い返し

『アニー・ホール』
（1977年）

ている感じですね。

構成だけでなく、『アニー・ホール』には様々な前衛的、実験的な手法が盛り込まれています。

たとえば、アルビーの子ども時代の回想では、小学生時代の主人公の教室に大人になったアルビー自身がいて、観客に向かって（つまり第4の壁を破って）解説したりします。

それに「スプリットスクリーン」。画面がいくつかに割れて、それぞれ違うショットを映す技法のことです。アルビーがアニーの実家のディナーにお呼ばれする場面、彼はどうも落ち着かないんですね。アニーはWASP（ホワイト・アングロサクソン・プロテスタント）の金持ちで、ディナーも格調高すぎるんです。そこで彼が「僕の子どもの頃の食事風景を見せよう」って言うと、画面の半分がニューヨークの下町ブルックリンの貧しい子だくさんのユダヤ人家庭で、ギャーギャー叫びながらごはんを食べている風景が映って、静かなアニーの実家のディナーと左右で対比されます。

『アニー・ホール』はアニメーションまで使っています。アルビーが「僕はディズニーの『白雪姫』を観ていても、白雪姫じゃなくて魔女の方のファンになっちゃうんだよね」と言うと、『白雪姫』（1937年）で白雪姫に毒リンゴを食べさせる魔女が出て

『白雪姫』（1937年）

くるんですね。「鏡よ、鏡よ、鏡さん……」というセリフで有名な彼女が、ディズニーアニメの画でそのまま登場します。昔のディズニーはあんまりうるさくなかったんですね。

このスプリット・スクリーンとアニメーションの合成は『（500）日のサマー』でも使われています。

恋愛体験の映画化

『アニー・ホール』がすごいのは、ウディ・アレンとダイアン・キートンが経験した恋愛と別れを、実際にその2人が演じていることです。

こういう映画は昔はよくありました。イングマール・ベルイマンやフェデリコ・フェリーニは、自分と女優の恋愛関係をそのまま映画にしていました。

90年代には『チェイシング・エイミー』（1997年）という映画がありました。ケヴィン・スミスが監督で、ジョーイ・ローレン・アダムスという女優さんと彼の恋愛と別れを元にした話なのに、主人公（ベン・アフレック）の彼女役をジョーイ・ローレン・アダムス自身が演じていました。

『ベルフラワー』（2011年）というインディペンデント映画

『チェイシング・エイミー』
（1997年）

もありましたね。女性にふられた監督が世界の滅亡を夢見るという映画でしたが、これも監督をふった女性の役を、実際に彼をふった女優が演じているという……。

脚本家のスコット・ノイスタッターは、もともと経済学の道に進むつもりで、ロンドン・スクール・オブ・エコノミクスという社会科学に特化した名門大学で学んでいました。その時に彼はジェニー・グッドマンという女性と出会って失恋して、その体験を元に『（500）日のサマー』もシナリオが書かれています。本人は演じていませんが。

『ベルフラワー』
（2011年）

運命は向こうからやってくるか？

トムくんは「いつか運命の人と出会える」と信じている、恋に恋する草食系男子です。サマーを演じるズーイー・デシャネルは、黒いストレートヘアのおかっぱ頭。アメリカ映画ではこういう女性は珍しいですね。時々ポニーテールにしたり、ツインテールにもしています。ほとんどのシーンでスカートを履いて、ワンピースもよく着ています。これも最近のアメリカでは珍しい。いかにも文化系男子が憧れそうな感じで、案の定、トムくんは一目でサマーちゃんを好きになります。

ところが、トムは遠くから彼女を見ているだけなんですね。

サマーは自分と同じくザ・スミスというバンドを好きらしいと知っても、トムは「ねえ、僕もザ・スミスが好きなんだよ」みたいに話しかけたりしません。ただヘッドホンでザ・スミスを聴きながら、その音漏れを彼女に聞かせようとするんです。……もう本当にじれったい男なんですよ。

サマーちゃんがやっと音漏れに気づいて「ザ・スミスが好きなの？」って話しかけてくれて、トムは「やったーっ！」って大喜びなんですけど、お前さぁ……って感じですよ。

トムくんは、「運命というものは向こうからやってくるんだから、自分から行くべきじゃない」と言い訳します。

でも、サマーちゃんの性格は逆で、ほしいものは自分から取りに行くんです。サマーちゃんの方からトムに「友達から聞いたんだけど、あなたは私のことを好きなんだって？」って言ってきて、キスしてくれるわけです。全部彼女の方から行動してきてくれます。エッチもそうだし、デートに行く時も、たいてい彼女が行き先を決めていますね。

トムくんはいつも受け身で、自分からは絶対に何も行動しない。変にプライドが高くて、臆病なんです。

ライ麦畑でつかまえて

もうひとつ、トムはザ・スミスの件でわかるようにサマーと趣味が同じだから「絶対に自分が彼女と結ばれるんだ」と信じているようなところがあるんですね。

彼は「サマーとは〝バナナフィッシュ〟について、一緒に話せるんだよ」みたいなことを言う。「バナナフィッシュ」というのはJ・D・サリンジャーの短編小説『バナナフィッシュにうってつけの日』に出てくる架空の魚です。ちなみにズーイー・デシャネル（Zooey Deschanel）のファースト・ネームは、おそらくサリンジャーの小説『フラニーとゾーイー』（Franny and Zooey）から取ったんだと思うんです。

でも、トムの妹は、こんなお説教をします。「趣味が同じだからって愛し合えるとは限らないよ」って。

これは至言ですね。サブカルとかオタク系の人って、自分の趣味がすごく大事でしょ。自分も含めて。「俺の好きなこの音楽がわからない奴はダメだ」とか「私の好きな映画を好きな人と友達になりたい」みたいな。なぜかといえば、好きな音楽とか映画とか、そういったものはその人自身なんですよ。だからこれは、「私を理解して」「僕を受け入れて」という、自己愛（ナルシシズム）に満ちた欲求なんです。

この妹が実に賢くて頼りになる、なりすぎる少女で、演じているのが『キック・アス』（２０１０年）で刺客少女ヒットガールを演じたクロエ・グレース・モレッツなのも面白いですが、これもサリンジャーが元ネタですね。サリンジャーの最も有名な小説である『ライ麦畑でつかまえて』の主人公ホールデンの妹ですよ。ホールデンは「人は大人になることでダメになる」と信じていて、純粋さの象徴として自分の妹のフィービーを大人の汚れた世界から守ろうとします。ところがフィービーは精神的には完全に成熟していて、大人のように話す少女なんです。ちなみにベン・アフレックが演じた『チェイシング・エイミー』の主人公の名前もホールデンでしたね。

トムの妹は、トムのカウンセラーの役割をしています。

『キック・アス』（2010年）

ダーティ・ダンシング

トムが好きな歌は「She's Like the Wind」。『ダーティ・ダンシング』（１９８７年）という映画の主題歌です。「彼女はまるで風。気まぐれで……」という歌詞で、歌っているのは主演俳優のパトリック・スウェイジです。これは、金持ちのユダヤ系のお嬢さん（ジェニファー・グレイ）が、ムキムキのダンサー（パトリック・スウェイジ）と恋してダンスコンテストに出るというラブロマンスですが、アメリカでは乙女チックな映画ナンバーワンなんです。

たとえば、ズーイー・デシャネル主演のテレビドラマ『New Girl』（2011〜2018年）。日本では『ダサかわ女子と三銃士』というすごいタイトルで放送されていましたが、そのヒロインのジェシカ（ズーイー・デシャネル）は、サマーと違って乙女チックな女の子で、失恋した時「『ダーティ・ダンシング』を朝から晩まで6回も観て泣いたわ」と言うんです。だから、『ロッキー』（1976年）や『マッドマックス』（1979年）とかじゃなくて『ダーティ・ダンシング』が大好きなトムは、いつか王子様が……と夢見る乙女なんですね。

『ダーティ・ダンシング』（1987年）

マニック・ピクシー・ドリーム・ガール

トムくんは社員同士でカラオケに行って、ピクシーズの「Here Comes Your Man」（1989年）を歌います。「君の運命の人が目の前にいるんだよ」ってサマーにアピールするわけです。この歌は本当はドラッグの売人について歌ってると言われているんですけどね。

ピクシーズのボーカリスト（ブラック・フランシス）は海坊主みたいなおっさんですが、「ピクシー」って妖精のことですね。アメリカには「マニック・ピクシー・ドリーム・ガール」という言葉があるんです。「陽気で妖精みたいな夢の女の子」という意味です。こういう男の子が主役のラブストーリーに出てくる、元気で楽しくて、男の子を元気にしてくれる女性を指しますが、この言葉は、実は批判的な文脈から出ています。

キャメロン・クロウが監督した『エリザベスタウン』（2005年）という映画があります。この映画ではオーランド・ブルーム演じるビジネスマンが仕事に失敗して、エリザベスタウンという田舎に来て、そこでキルスティン・ダンスト演じるフライトアテンダントと出会います。彼女は、落ち込んでいるオーランド・ブルームを「元気を出して！」って献身的に励まして、立ち直らせるんです。

で、女性の批評家から「こんなヒロインは、男性が自分たちにとって都合よく作りあげたピクシー・ガールでしかない」と叩かれました。

トムも最初はサマーをピクシー・ガールだと勝手に思い込んでいるんですが、実際はぜんぜん違って、彼女はリアルなんです。

『エリザベスタウン』（2005年）

幸せの青い鳥

サマーはトムと付き合っていても、決して彼に「アイ・ラブ・ユー」（愛してる）とは言いません。「アイ・ライク・ユー」（好きよ）とは言いますが。サマーは少女の頃に両親の離婚を経験して、愛というものを信じられなくなっているんです。

初めてのセックスでは、サマーの方から迫ってきて、トムがサマーに抱かれた感じなのがまたおかしい。しかもそのシーンでは、ベッドに寝ているサマー越しにトムを撮影しています。これは『卒業』で主人公のベンジャミンが、ロビンソン夫人に誘われて童貞を奪われるシーンそのままのアングルです。サマーがロビンソン夫人の位置なんですよ。サマーに抱かれて幸福の絶頂のトムくんに聴こえてくるのは、ホール・アンド・オーツのヒット曲「You Make My Dreams」（1980年）。「君は僕の夢をかなえてくれる」という歌詞で、街中の人々がトムを祝福して一緒に踊ってくれます（トムの頭の中で）。

この突然のミュージカル・シーンは、ジョン・ヒューズ監督『フェリスはある朝突然に』（1986年）へのオマージュです。シカゴのパレードに高校生のフェリス（マシュー・ブロデリック）が飛び入りして、ビートルズの「Twist And Shout」を歌うと街中の人が踊るんです。「You Make My Dreams」にも「ツイスト&シャウト」という歌詞があるでしょ？

『フェリスはある朝突然に』
(1986年)

アニメーションで描かれた青い鳥が彼の手にとまるのは、ディズニー映画『白雪姫』で白雪姫の手にとまる幸せの青い鳥です。周りで踊っている群衆も青い服を着ています。この映画では「青」がトムくんの幸福の象徴になってるんです。サマーの目が青いからでしょう。それに青は夏空の色でもあります。

サマーにふられてからは、茶色が画面のトーンになります。夏が終わった秋の色です。

元カレへの嫉妬

トムはサマーに今まで付き合った彼の話をせがみます。渋々彼女は自分の豊富な経験を語ります。男もいれば女もいる。「ザ・ピューマ」と呼ばれる巨根男もいました。サマーに勝手に清純なイメージを抱いていたトムはショックを受けます。

男性が自分よりも性的経験の豊富な恋人に嫉妬する感情を描いたのが『チェイシング・エイミー』でしたね。監督のケヴィン・スミスは真面目なカトリックで、女性経験がほとんどなかったんですが、付き合った女優ジョーイ・ローレン・アダムスは世界中を旅行してセックスしていたそうです。それでケヴィン・スミスは彼女を罵倒して破局したんです。

トムの乙女チックな幻想も、少しずつ壊されていきます。

先のない関係

トムにとってセックス以上に問題なのは、サマーが「愛している」と言ってくれないことですね。ＩＫＥＡでデートした時も「私はあなたとは真剣にお付き合いをするつもりはないの」と言われます。

トムくんが苛立って、車を運転しながら「僕たちの関係っていったい何なの？」って聞くと、サマーは「別にどんな関係でもいいじゃない。楽しければ」って答えます。男女が逆みたいな会話ですね。

トムはそこで「もっと真剣に僕を愛して」と言いたいけど、口に出すと喧嘩になっちゃうから、「そっか。じゃあ、それでいいよね」と言ってしまいますが、内心はモヤモヤしている。

すると車は、ロサンジェルスのダウンタウンにあるトンネルの暗闇の中に入って行く。つまり、２人の未来は真っ暗なんです。

というのも、２人はこれから『卒業』を観て、別れるんですよ。

愛を賭けたチェス

サマーにふられた後、トムは独りで映画館に行きます。１９５０年代か60年代のフランスのヌーヴェルヴァーグかスウェーデンの芸術映画らしいのですが、トムは映画の中に入った夢を見ます。

映画の中で、トムはサマーに話しかけているのに、サマーはトムと目を合わせず、90度の角度の方を見たままです。セリフはスウェーデン語です。これは、スウェーデンのイングマール・ベルイマン監督の『仮面／ペルソナ』（1966年）の場面をマネしているんですね。2人の人物の顔を90度の角度で重ねる撮り方はベルイマンが流行らせて、日本でもATG（日本アート・シアター・ギルド）のアート映画で吉田喜重や実相寺昭雄などの監督たちが、このアングルを模倣しています。

次にトムは天使とチェスをします。これもイングマール・ベルイマン監督の『第七の封印』（1957年）の引用です。十字軍の騎士の命を取りに来た死神に、騎士が「俺に勝ったら命を取っていい」と言ってチェスをするシーンです。トムの相手はキューピッド、つまり愛の天使だから、「チェスで僕が勝ったら、僕の愛を実らせてくれ」って言ったんでしょうね。

これも『アニー・ホール』と絡んでくるところなんです。というのは、ウディ・アレンはイングマール・ベルイマンが大好きで、『サマー・ナイト』（1982

『仮面／ペルソナ』
（1966年）

『第七の封印』
（1957年）

年）や『インテリア』（1978年）など、様々な映画でオマージュを捧げているんです。

シド・アンド・ナンシー

サマーは決別の言葉としてトムに「私たちはシド・アンド・ナンシーよ」って言うんです。『シド・アンド・ナンシー』（1986年）は、セックス・ピストルズのシド・ヴィシャスが恋人のナンシー・スパンゲンをニューヨークで刺し殺した事件の映画化です。シドを若きゲイリー・オールドマンが演じています。

当然トムは「えっ、僕はシド・ヴィシャスなの？」って聞き返すんですが、サマーに「私がシドで、あなたはナンシー」と言われます。『シド・アンド・ナンシー』でナンシーはシドにまとわりつく寄生虫みたいな女性として描かれているんです。で、殺されちゃうわけですから、サマーはヒドイことを言いますねえ。

君は僕の味方じゃなかったの？

結局サマーに捨てられたトムくんは、何とか他の子と付き合おうと思ってデートします。ところが彼はデートに行ってもずっとサマーのことを話すんです。2人でカラオケに行ったら

『シド・アンド・ナンシー』（1986年）

トムはベロベロに酔っ払って、ザ・クラッシュの歌を歌います。クラッシュというと「White Riot」とか「Rock the Casbah」とかが有名で、政治的で攻撃的なパンクだと思われてますが、実は情けない歌もあるんですよね。「Should I Stay or Should I Go」なんて、「俺に出ていってほしいの？　それとも一緒にいていいの？　どっちか教えてよ」って未練タラタラの歌だしね。

トムくんが歌うクラッシュの歌は「Train in Vain」（１９７９年）。「君は愛する人の味方をするって言ってたよね？　そのことを覚えてるよ。僕のことを愛してるとも言ったよね？　でも君は出ていったじゃないか。〝あんたに縛られたくない〟って言ったよね？　君は僕の味方じゃなかったの？」という、ねちっこい歌詞で。しかも「君は僕の味方じゃなかったの？」って言うと「いや、全然」（No, not at all）って彼女の冷たいツッコミが入る。ゴールデンボンバーの「女々しくて」みたいな歌なんですよ。

脇役だったとも知らずに

別れてしばらく経った後、トムはサマーのホームパーティーに招かれます。彼は「もしかしたら、ヨリを戻そうってことかな？」みたいな勝手な期待に胸を膨らませて、アパートに行きます。

ここでスプリット・スクリーンになります。左側はトムの理想。右側は現実。理想では２人がまたラブラブになるんですが、現実の方では、彼女がろくに話もしてくれなくて、友達に婚約指輪を見せています。どうもサマーは他の誰かと婚約したようです。

指輪を見せるところで「cheating, cheating」（ズルいよ、ズルいよ）という歌が聴こえます。これはレジーナ・スペクターの「Hero」（2006年）という歌です。

「僕はこの物語のヒーロー（主人公）だよ。だから助けなんていらないよ」という歌詞です。だって、誰もがそれぞれの人生の中では主人公じゃないですか。乙女チックでロマンチックなトムも「自分はこのラブロマンスの主役なんだ」と思っていたんだけど、サマーにとってトムは脇役だったんです。

ブックエンド

サマーが婚約して、すべての希望を断たれたトムは会社の会議で「こういうグリーティングカードは嘘ばっかりです！」と言い出します。

「〝愛してます〟だって？　愛って何ですか？　こういうカードや映画や歌が嘘を売ってるんです！」

誰よりも映画や歌によって愛に幻想を抱いてきたトムですが、「本当の気持ちを語るべきです！」と言って会社を辞めます。

トムの妹はカウンセラーとして彼にアドバイスします。

「お兄ちゃんは彼女とのいい思い出ばかり考えてるけど、ここでちゃんと振り返ってみたら？」

自分の何が悪かったのか、彼女はどんなシグナルを出していたのか。振り返ってみたのが、この映画全体なんですね。

そこで流れる曲が、サイモン&ガーファンクルの「Bookends」。過ぎ去った恋愛を回想する歌です。

「それは、無垢だった頃、信じていた頃。何も知らなかった。あの頃は信じていたんだ。でも、それはもう、はるか昔。君の写真。それだけが残されたもの」

トムの記憶は、サイモン&ガーファンクルが音楽を担当した映画『卒業』をサマーと観に行った日に戻ります。

『卒業』の意味

『卒業』を観た時、サマーは泣きます。愛なんか信じなかったはずのサマーが。

そして、その後、パンケーキを食べに行った店でトムに別れを切り出したのです。

『卒業』が鍵だったんです。

『卒業』では最後にベンジャミンは何もかも捨てて、愛するエレインを親が決めた結婚から救い出すために戦います。

愛は戦って勝ち取るもので、待っていたんじゃ手に入らない――でも、トムは『卒業』を観て、エレインのように運命の人が現れてくれるのをただ待っていたんです。

サマーは「この人じゃない」と確信しました。Like なトムとズルズル付き合い続けるのをやめて、Love を探すことにしたんです。

トムはベンジャミンのようなヒーローになれませんでした。

人が恋に落ちる瞬間

でも、実は、トムくんにはサマーのヒーローになれるチャンスが与えられていたんです。

トムくんにとって彼女との最も大切な思い出は、ロサンジェルスのダウンタウンにある丘の上で、そこから見える1910年代に建てられたアール・デコのビルについてサマーに話したことなんです。

トムが古い建築について熱っぽく語るのを、サマーはすごく熱心に聞いてくれます。グリーティングカード会社で働いていた時は死んだ目をしていたトムの顔が建築について話す時は輝いているからです。それを見つめるサマーの表情にはLikeを越えていきそうな何かが見えます。

デヴィッド・リーン監督の『逢びき』（1945年）という名作があります。これは人妻と妻子のある医者の不倫の話です。2人は偶然出会い、医者は「僕は困ってる人を助けたくて医者になった。だから仕事が大好きなんだ！」と、情熱的に語ります。それを聞いている時、人妻は恋に落ちてしまいます。好きなことに向かって突き進んでいる時が、誰でもいちばん輝いているんです。「君が好きだ」と百万回言うよりも。

『逢びき』（1945年）

サマーはトムに、建築物の絵を自分の腕に描かせます。タトゥーのように。それはサマーが見せた何よりも強い愛情表現でした。でも、トムはそのチャンスを拾いそこねてしまいました。トムはサマーに、夢に向かっている自分を見せさえすればよかったんです。

サマーと別れて、トムは希望もプライドも仕事も何もかも失いましたが、ひとつだけ残ったものがあります。建築デザインです。人は人生で何度か徹底的に否定されて自分を削られて破壊されますが、それでも絶対に奪われないものがあって、それが自分自身なんですね。トムにとってはそれが建築だった。もう、それしか残ってないから、それをやるしかないんです。

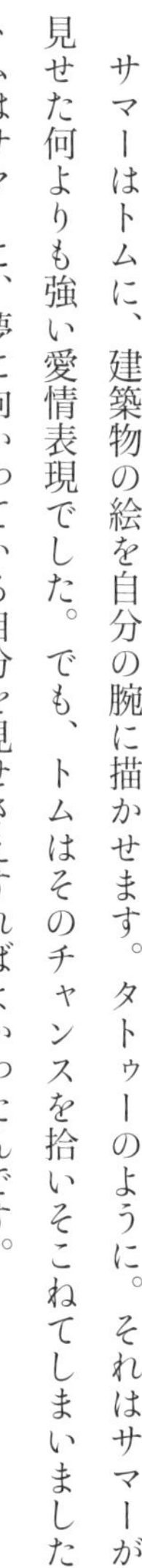

トムはサマーへの想いを忘れようとするかのように建築デザインに打ち込み、設計図を持って建築会社の面接を受けまくります。トムが設計の資格を持っているかどうかわかりませんが、この映画における「建築」は「本気で打ち込めること」のメタファーです。スコット・ノイスタッターにとっては、それがこの映画の脚本だったわけですね。

She's Got You High

トムが建築に打ち込んでいるシーンで流れるのは「She's Got You High」。「彼女は君を高みに上げてくれた」という歌です。サマーとの辛い恋のおかげで、トムは自分がやるべきことに気が付いたんですね。

あの思い出の丘でトムはサマーに再会します。冒頭に出てきた「これはラブストーリーではない」のシーンです。サマーは別の人と結婚して、指輪をしています。

「今まで信じてきたものが、全部嘘だったと気づく気持ちってわかるかい？」

トムはちょっと恨みがましく言います。

「運命とか真実の愛とか、おとぎ話さ。そんなものを信じない君が正しかったよ」

するとサマーは不思議な微笑みを浮かべて言います。

「私は『ドリアン・グレイの肖像』を読んでたの。そしたらひとりの男性が話しかけてきたの。

それが今の夫よ」

それはサマーにとって運命の出会いだったんです。

「だから私は思ったの。トムは正しかったって」

愛を信じなかったサマーはトムとの出会いによって、それを信じることになったんです。

ドリアン・グレイの肖像

彼女が読んでいた『ドリアン・グレイの肖像』はオスカー・ワイルドの小説です。ドリアン・グレイという美青年が、歳を取るのが嫌で、画家に描いてもらった肖像画が彼の代わりに歳を取るという話です。でも、最後に彼はそのツケを一気に払うことになります。

トムも子どもの頃の「おとぎ話」を信じ続け、つまり歳を取ることを拒否してきましたが、そのままではドリアン・グレイやホールデンと同じです。でも、サマーとの別れで一気に歳を取り、大人になれたんです。

恋愛を通して、トムとサマーはお互いに自分にないものを相手から受け取って、成長しました。本当の自分自身に気づいたんです。

『アニー・ホール』もそういう映画でした。アニーと別れたアルビーは最後にこう言います。

「恋をしても辛いことが多いのに、それでもなぜ人は恋をするんだろう？　恋することには価値があるんだ。たとえそれが悲しい結果に終わっても、必ず何かの〝卵〟が得られるんだ」

その「卵」から生まれたのが『アニー・ホール』であり、『（500）日のサマー』なんですね。「卵」から新しい自分が生まれたんです。

「これはラブストーリーではない」というのは、そういう意味だったわけです。これは成長の物語、登場人物が自分にたどり着くまでの物語だったんです。

オータム

トムは建築会社の面接のため、アールデコの鉄工芸で飾られたビルに入ります。これは『ブレードランナー』（1982年）の最後の対決シーンの撮影にも使われたブラッドベリー・ビルディングという有名な建築で、アメリカの国定歴史建造物になっています。

トムはそこで、同じく面接を受けに来た1人の女性に出会います。そして、今度は自分から声をかけるんですね。運命なんてものは、待っていてもやってこないから。彼女はこう名乗ります。

「オータム」

つまり、彼女はサマー（夏）の次なんです。気が付けば彼女の瞳も髪も、秋らしい茶色です。

トムは第4の壁を破って観客をチラッと見ます。「運命かもね？」と言うように。果たしてオータムは何日続くでしょうか？

マーク・ウェブ監督によると、ノイスタッターによる脚本は最初、元彼女に対する恨みつらみがかなり強かったそうです。でも、観客がサマーを憎むと困るので、そうならないように気をつけたそうです。

ノイスタッターはこのシナリオを書き上げてすぐに、ジェニー・バックマンに送って読ませたといいます。彼女は「すごく良かった。トムくんに共感した」と言いました。自分がサマーのモデルだと気づいてないんです。

エンディングでも「She's Got You High」が流れます。「彼女が君を高みに上げてくれたんだよ」。この映画は彼女のことを最初に「ビッチ」と呼んでいますけど、最後は感謝で終わっているんです。

[注1] Matt Fagerholm December 05, 2017

誰かを本気で愛したらその愛を消すことはできない

『マリッジ・ストーリー』

2019年／アメリカ、イギリス
監督 ノア・バームバック
出演 スカーレット・ヨハンソン、アダム・ドライバー、ローラ・ダーン、レイ・リオッタ

離婚の物語

『マリッジ・ストーリー』は、ニューヨークの劇作家・演出家チャーリー（アダム・ドライバー）と、女優ニコール（スカーレット・ヨハンソン）の離婚を描く物語です。それなのに『ディ

ヴォース・ストーリー』（離婚の物語）ではなく『マリッジ・ストーリー』（結婚の物語）という
タイトルなのはなぜでしょう？

この映画はノア・バームバック監督自身の、女優ジェニファー・ジェイソン・リーとの離婚経験を基にしています。

お互いの好きなところ

妻ニコールと夫チャーリーが、お互いの好きなところを挙げていくところから映画が始まります。これで最初に2人がどういう人で、どう違うのかを先に見せてしまうのがうまいですね。

「ニコールの好きなところは」

チャーリーが挙げます。

「人の話をじっくり聞くところ」

「人の心をほぐしてくれる。居心地の悪い時でも」

「僕が行き詰まった時は、そっと背中を押して、あとは放っておいてくれる」

「片付けは得意じゃないけど、僕のために頑張ってくれる」

「ニコールはハリウッドにいれば映画スターでいられたのに、僕のためにニューヨークに住んで、僕が演出する舞台に出てくれる」

「僕のイカれたアイデアを見事に演じてくれる」

ニコールが気遣いの人で、チャーリーのために尽くしてくれているのがわかります。

「チャーリーの好きなところは」

ニコールが挙げます。

「絶対に妥協せず、自分のやりたいことを貫く」

「自分の世界に没頭しがち」

「自分が何を求めているか、いつも明確」

チャーリーは頑固で、自分中心的な人なんですね。つまり2人の性格は真逆なんです。

ただ、同じところもあります。「負けず嫌いなところ」。これがゆくゆくの離婚協議で、大変なことになっていくわけです。

勇気ある女優ジェニファー・ジェイソン・リー

ここでニコールが若い頃、エッチな青春コメディ映画に出て、おっぱいを見せているシーンが出てきます。これは、ノア・バームバック監督が実際に結婚していた、ジェニファー・ジェイソン・リーが出演した『初体験／リッジモント・ハイ』（1982年）のことなんです。

『初体験／リッジモント・ハイ』の原作の小説と脚本を書いたキャメロン・クロウは、『あの頃ペニー・レインと』（2000年）などの監督になりますが、もともとロック雑誌『Rolling Stone』の記者でした。彼の自伝的映画『あの頃ペニー・レインと』で描かれている通り、若い頃にロック雑誌の記者としてデビューしたので、高校時代を体験しなかった。そこで、高校に生徒として潜入してレポートしたんですよ。その映画化に、ヒロインとしてジェニファー・ジェイソン・リーが出ているんです。

『初体験／リッジモント・ハイ』（1982年）

『あの頃ペニー・レインと』（2000年）

チャーリーはニコールを「勇気がある」と言うんですが、ジェニファー・ジェイソン・リーもそうでした。23歳でオランダの鬼畜監督ポール・ヴァーホーヴェンの『グレート・ウォリアーズ／欲望の剣』（1985年）という中世の暴力世界を描いた血みどろ映画で、セックスを使って生き抜こうとする姫を全裸で演じています。

娼婦の役も引き受けます。『ブルックリン最終出口』（1989年）とか『マシニスト』（2004年）とか。最近だと『ヘイトフル・エイト』（2015年）で凶悪犯を演じて、賞金稼ぎの男（カート・ラッセル）にずっと殴られ続けて、最後には縛り首にされるという悲惨な役でした。彼女はそんな役にもチャレンジする、本当に勇気がある女優なんです。

イカとクジラ

ノア・バームバック監督は2005年の『イカとクジラ』で批評的にも興行的にも大成功を収めました。

『イカとクジラ』はバームバック自身が子どもの頃、両親が離婚した経験を元にした映画です。主人公は12歳の少年（ジェシー・アイゼンバーグ）。母はローラ・リニー、父をジェフ・ダニエルズが演じています。バームバックの両親は共に作家で、映画批評家でもありました。父は、物書きとしては成功せず、大学の講師として生活しています。逆に母の本は売れ、父は嫉妬します。

父はインテリですが、妻から別れを告げられても、自分の何が悪いのかわかりません。「俺の何が悪いんだ？」と聞かれて、母は思わず吹き出してしまいます。この人、何もわかってない、と。父は批評家だけど、まったく自分を批評する能力がないんです。耳が痛いですね。

『イカとクジラ』（2005年）

とにかく、この父親はいい年こいて子どもじみた男なんです。テニスで息子に負けても、本気で怒って当たり散らすような。

主人公は最初、離婚を切り出した母を憎んでいますが、だんだん父親がただの男だという現実が見えてきて、両親の離婚を受け入れます。

『イカとクジラ』というタイトルは、ニューヨークのアメリカ自然史博物館にある、ダイオウイカとマッコウクジラの実物大模型からきています。イカとクジラが互いに互いを食い合っている凄まじい姿で、バームバックは子どもの頃、それが怖くて、見ることもできなかったんです。イカとクジラは両親の争いを象徴しています。でも、思春期を越えて、両親は親である以前に「男女」なのだとわかってきた主人公は最後に勇気をもって、イカとクジラを見つめます。彼はもう子どもじゃないんです。

そのバームバックが、今度は自分自身の離婚を見つめたのが『マリッジ・ストーリー』なんです。

ある結婚の風景

『マリッジ・ストーリー』のチャーリーとニコールがお互いの好きなところを挙げるのを見て、

「2人は本当に愛し合っているんだな。いい夫婦だな」って思うんですが、画面がパッと切り替わると、実は2人は既に離婚寸前で、セラピストの事務所に行って、「お互いの好きなところリスト」を作らされていたんだということがわかります。

これはスウェーデンの巨匠イングマール・ベルイマン監督が作ったテレビシリーズ『ある結婚の風景』（1973年）によく似ています。

『ある結婚の風景』は、主人公夫婦が新聞社のインタビューを受けるシーンから始まります。2人はお互いをほめて、模範的な夫婦に見えるんですが、インタビューが終わると、実は夫婦仲はもう冷え切っていることがわかる。この始まり方を『マリッジ・ストーリー』は真似たんでしょう。チャーリーとニコールの部屋の壁には、2人が仲良かった頃にインタビューされた雑誌記事の切り抜きが飾ってあるんですが、その記事の見出しが「ある結婚の風景」なんですよ。

『ある結婚の風景』の監督ベルイマンは、人生の中で5回の結婚をしています。次から次に奥さんを替えて、そこらじゅうに子どもを作っていました。いちばん長かったのは、籍を入れなかった女優リヴ・ウルマンとの関係で、『ある結婚の風景』では自分をモデルにした主人公の妻をウルマンに演じさせています。

『マリッジ・ストーリー』の撮影監督ロビー・ライアンはベルイマンの映画を意識するように

監督に言われたそうです。特にベルイマンの『仮面／ペルソナ』（1966年）で使われた、2人の人物の顔が重なるショットが多いですね。たとえばニューヨークにいるチャーリーの横顔とロサンジェルスにいるニコールの横顔がオーバーラップで重なったりね。あれは実にベルイマン的です。

『仮面／ペルソナ』（1966年）

結婚生活の思い出

2人がそれぞれの好きなところを挙げるシークエンスでは、チャーリーとニコールの思い出の場面が次々と出てくるんです。ここだけで映画1本ができるくらい手間をかけていますね。なにしろ8年くらいの結婚生活を圧縮してますから。

この回想をよく見ると、全部手持ちカメラで撮っててホームビデオのような映像になっています。

撮影監督のロビー・ライアンは『女王陛下のお気に入り』（2018年）を全編ほとんど魚眼レンズで撮った人です。あれと逆に『マリッジ・ストーリー』では、カメラの存在を意識させないようにしています。

撮影のロビー・ライアンはオンラインマガジン『DEADLINE』のインタビューで「テイク（撮り直し）が多くて大変だった」と言ってます。ノア・バームバック監督はアドリブをやらせないで、シナリオ通りに何度も何度もテイクを撮るタイプなんです。

テイクが多くて大変だったというのは、太陽が動いて窓の外の風景がどんどん変わっていったからだそうです。特に後半のカリフォルニアは太陽が出ているので。『マリッジ・ストーリー』は全部ロケでフィルム撮影なんです。デヴィッド・フィンチャー監督みたいに全部セットで撮影して、部屋の外はデジタルで合成するなら楽なんですけどね。

『女王陛下のお気に入り』（2018年）

ニコールの涙

ニューヨークで、チャーリーとニコールの夫婦はギリシャ悲劇『エレクトラ』の公演をします。自分の父親のために復讐をする女性の話です。その芝居が終わって打ち上げをした後、2人は地下鉄に乗ってブルックリンにある自宅に帰ります。2人は同じ車両に乗っているのに距離を空けて座り、まったく会話をしません。

2人は同じ家に帰って、息子を寝かしつけた後、別々の寝室で寝ます。夫に背を向けて寝室に向かうニコールの目には、涙があふれます。スカーレット・ヨハンソンの見事な演技です。この映画では、彼女の涙がこぼれる瞬間が何度も撮られています。

スカーレット・ヨハンソンはもともとは天才子役で、19歳の時に『ロスト・イン・トランスレーション』（2003年）で演技を高く評価されました。『ロスト〜』も、ソフィア・コッポラ監督自身の離婚体験に基づいていましたね。彼女はスパイク・ジョーンズという映画監督と結婚して、日本に新婚旅行に行ったら、東京で彼にほったらかしにされ、結局離婚しました。ヨハンソンは、その後『アベンジャーズ』シリーズでブラックウィドウを演じて、アクション大作の方に行っちゃったんですが、この『マリッジ・ストーリー』でひさびさにその実力を披露しています。2回の離婚を経験したので、その時のことを思い出しながら演じたと言っていますね。

『ロスト・イン・トランスレーション』（2003年）

前半、ニコールはずっと悲しそうです。チャーリーは悲しいというより、なんで別れなきゃならないの？　と戸惑って、不満そうで、憮然としている感じです。

俳優の娘と批評家の息子

ニコールはチャーリーと暮らしたニューヨークの家を出て、息子を連れてカリフォルニアはロサンジェルスの実家に帰ります。

ここで画面の色がパッと変わります。ニューヨークでは曇天か夜で、青みがかった寒色の画面でしたが、ロサンジェルスに行くと青空が広がり、お日様が差して、温かいオレンジ色の画面になります。それはそのまま、田舎から出てきてニューヨークで暮らすチャーリーと、ロサンジェルスで生まれ育ったニコールの性格の違いでもあります。

ニコールのお母さん（ジュリー・ハガティ）がすごく陽気で楽しい人なんです。ジェニファー・ジェイソン・リーのお母さんが本当にそういう人なんだそうです。バーバラ・ターナーという女優さんで、映画プロデューサーとしても、ジェニファー主演で『ジョージア』（１９９５年）という映画もプロデュースしています。

ニコールのお母さんは「私の旦那はゲイで、死んじゃった」と言いますが、ジェニファー・ジェイソン・リーのお父さんはテレビシリーズ『コンバット』で有名なヴィック・モローという俳優でした。彼は『トワイライトゾーン／超次元

『トワイライトゾーン／超次元の体験』（1983年）

の体験』(1983年)というオムニバス映画の、ジョン・ランディスが監督した「偏見の恐怖」というエピソードに差別主義者の役で出演しています。撮影中にヘリコプターが墜落して、共演していた子どももろとも、ヴィック・モローは亡くなってしまいました。

だから、ジェニファーとバームバックは、俳優一家の妻と批評家一家の夫の結婚だったんですね。

ニューヨークとロサンジェルス

で、ニコールと息子を追って、チャーリーがロサンジェルスにやってきますが、寒いニューヨークから来た彼はコートを手に持ってます。でも一年中温暖なロサンジェルスには、そんなもの持っている人はいない。彼の居心地の悪さをうまく表現しています。

実際、バームバックはジェニファー・ジェイソン・リーと息子を追ってロサンジェルスに引っ越しました。

その体験をバームバックは、2010年に『グリーンバーグ』という映画にしています。日本では『ベン・スティラー　人生は最悪だ!』という邦題で公開されました。ベン・スティラーが、バームバックをモデルにしたグリーンバーグという男を演

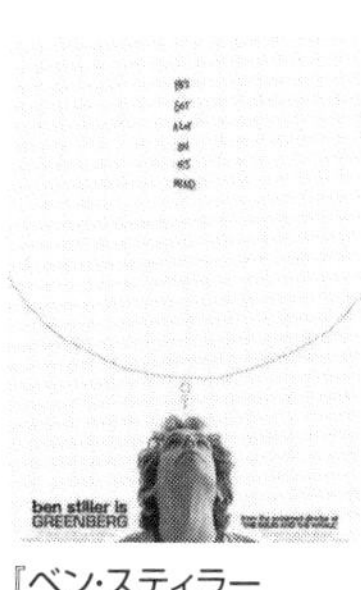

『ベン・スティラー
人生は最悪だ!』
(2010年)

じています。ニューヨークからロサンジェルスに越してきて、ダウンジャケットを脱がないんです。汗をびっしょりかいているのに。

『人生は最悪だ！』は妻ジェニファー・ジェイソン・リーが製作し、グリーンバーグの昔の恋人役で出演もしていますが、この映画公開と同じ年にバームバックと正式に離婚しました。でも、バームバックは幼い息子のそばにいたいので、2013年までロサンジェルスで独り暮らしをしたんです。

アニー・ホール

『マリッジ・ストーリー』でも、ロサンジェルスでは車がないと何もできない、とか、ハロウィンでトリック・オア・トリートできるような民家がない、とか、ニューヨークとのカルチャー・ギャップがギャグになっていますが、その元祖は、ウディ・アレン監督の『アニー・ホール』（1977年）です。

『アニー・ホール』ではウディ・アレンがダイアン・キートンという女優さんと付き合った体験を本人たちが演じています。2人はニューヨークで一緒に暮らしていたけど、キートンが『ゴッドファーザー』（1972年）で女優として成功したのでハリウッドに引っ越して、ウディ・アレンもついていきました。

でも、陰気で皮肉屋のウディ・アレンには陽気なロサンジェルスが合わない。車の免許も持ってないし……。

人生は最悪だ！

バームバックが一度『人生は最悪だ！』で描いた体験をもう一度『マリッジ・ストーリー』で描き直したのはなぜでしょう？

『人生は最悪だ！』の主人公グリーンバーグは、ものすごく嫌な奴なんです。いつも人の悪口ばっかり言っていて、仕事がうまくいかないのを全部他人のせいにしています。常にイライラしているんです。

それは当時のバームバックの心情を映しているようです。

『イカとクジラ』で注目されたバームバック監督は、続いて、2007年に妻ジェニファー・ジェイソン・リーとニコール・キッドマン共演で、『イカとクジラ』の6倍にあたる1000万ドルの予算をかけた『マーゴット・ウェディング』を作りました。

主人公はロサンジェルスに住む作家、マーゴット（ニコール・キッドマン）。妹ポーリン（ジェニファー・ジェイソン・リー）

『マーゴット・ウェディング』（2007年）

が結婚するので、故郷ニューヨークに戻ってきます。

ポーリンは姉マーゴットに怒っています。というのは、姉が自分の家族のことを何でも小説に書いちゃうからです。つまりマーゴットはバームバック自身で、それを責めるのが妻ジェニファーなんです。

これが実に暗い映画で、興収わずか300万ドルという散々な結果に終わってしまいました。さらにバームバックとジェニファーとの関係も悪くなり、別居に至ります。

別居中に作られた『人生は最悪だ！』のグリーンバーグは、あらゆるものに当たり散らしています。でも、ジェニファー・ジェイソン・リーが彼の元恋人で出演して、製作までしてるのを見ると、まあ、本当に面倒見のいい奥さんなんだなあ、と思いますね。

ただ、グリーンバーグはただ怒ったり嘆いたりしてるだけで、観客がまったく共感できないんです。だからこれも、前作に続いて大コケしてしまいました。

セレブ離婚弁護士

ただ、『人生は最悪だ！』と違って、『マリッジ・ストーリー』には妻側の視点があります。

ニコールはローラ・ダーン扮するノラという弁護士に相談します。ノラのモデルは、実際にジェニファー・ジェイソン・リーの弁護士だったローラ・ワッサーです。しかも、ノラのオフィスのシーンは、本当にローラ・ワッサーの弁護士事務所で撮影したそうです。すごいですね。

ノラが「ニューヨークで本を出した」と言いますが、実際、ローラ・ワッサーはセレブ離婚についての本を出しています。彼女は自分の離婚裁判で得たノウハウをハリウッド・セレブに提供していまして、アンジェリーナ・ジョリーとか、ジョニー・デップの離婚調停も担当しています。そして、なんと、スカーレット・ヨハンソンとライアン・レイノルズの離婚では、ライアン・レイノルズの弁護士でした。

そんな、離婚について酸いも甘いも知り尽くした弁護士をユーモアたっぷりに演じて、ローラ・ダーンはアカデミー助演女優賞を受賞しました。

別れる理由

ノラに「とにかくあなたの話を聞かせて」と言われたニコールは、チャーリーと会って恋に落ちた時の話をします。スカーレット・ヨハンソンのモノローグが4分間、カットなしで続きます。話しているうちに彼女は感極まってボロボロ涙をこぼして、鼻をかんだりします。

スター女優が本当に鼻をかむシーンって、ハリウッド映画では珍しいですよね。他にもスカーレット・ヨハンソンは寝巻き姿でウロウロしたり、トイレでおしっこをしたりします。ノア・バームバック監督は、そういうハリウッド映画が普段見せないものを見せるんです。彼らは作られたキャラクターじゃないし、現実の人間なんだ、と言うかのように。

ニコールが話しているうちに、別れる理由がはっきりしてきます。

——私は夫を愛したので、夫のために今まで一生懸命やってきました。そうしたら〝自分〟というものがなくなってしまったんです。

夫は自分のことしか考えてません。自分がアーティストとして成功することがすべてで、そのために私に貢献させて、それに全然気づいていません。

先日、ジョージ・ハリスンのドキュメンタリー映画を観ましたが、ジョージ・ハリスンの奥さんの名前なんて誰も覚えてないでしょう？　自分もそういう〝○○の奥さん〟という存在にされそうだったんです。

私はハリウッドに戻って映画の仕事に戻りましたが、夫はそれをバカにするんです。〝僕は芸術をやってるけど、ハリウッド映画ってただの金儲けだろう？〟って。しかも彼は、私の電話番号すら覚えてなかった。私のことを、もう人として見ていなかった。だから離婚することにしたんです——。

これと同じようなセリフが出てくる映画があります。『クレイマー、クレイマー』（1979

年）。ニューヨークの広告代理店で働くデザイナー（ダスティン・ホフマン）の妻（メリル・ストリープ）がある日、家を出ていくんですが、「私はただの妻であり母であるだけで、自分の人生がなくなってしまった」と言うんですね。

『クレイマー、クレイマー』（1979年）

上がる妻、落ちる夫

泣きながら話すニコールを、ノーラが抱きしめます。するとニコールが言います。

「あと、夫はステージマネージャーと浮気しました」

「クソ野郎ね！」とノラが言います。

ここで初めて、離婚のきっかけはチャーリーの浮気だったことがわかります。ステージマネージャーの女性は前半から何度も登場してますが、彼女がチャーリーに話しかけようとすると、彼は不機嫌そうにそれを無視し続けていました。チャーリーは、「彼女のせいで失敗した」と思って怒っているんですね。

チャーリーは、後でセリフでも言いますけど、「たった一度ぐらいの浮気で離婚するのか。俺は悪くない。これは不当だ」みたいな、グリーンバーグと似たような感覚なんです。だから彼女は、別れるしかないと思って泣いてたんですね。

でも、ここから2人の関係は逆転していきます。ニコールは最初、別れても友達でいたい、みたいなことを言ってるんですが、ノラにとって離婚はビジネスですから「何を甘いこと言ってるの！　離婚は勝つか負けるかよ！」と、チャーリーを吹っ切って離婚訴訟するよう勧めます。親権だけでなく、養育費として、チャーリーが受け取ることになったマッカーサー基金の助成金まで狙います。

泣いてばかりだったニコールは、ここから元気になっていきます。ハリウッドに戻ったので女優としての仕事も増えて、ぐんぐん立ち直っていきます。

いっぽう、チャーリーはどんどん落ちていくんです。

スチュアート・リトル

チャーリーはニコールの実家で、ベッドに寝る息子に『スチュアート・リトル』という絵本を読み聞かせます。

『スチュアート・リトル』はネズミの少年が主人公で、マーガロという小鳥が彼のガールフレンドなんですけど、悲しい別れで終わります。それを読んだ時、隣に寝ていたニコールの目からまた涙がこぼれます。ニコールは本当に傷ついているんです。

チャーリーはこの時点でもまだヨリを戻せると思っていて、彼女の実家に泊めてもらう気なんですが、あっさり「ホテルに泊まって」と言われてしまいます。それで肩を落として去ろうとすると、「チャーリー」って呼び止められて、「やっぱり彼女、考え直したのかな？」ってウキウキ戻ると、離婚訴訟書を渡されます。もう完全に終わりということです。

ここから息子の親権の奪い合いになります。チャーリーは裁判で勝つためにロサンジェルスに住んで、いい父親になろうとするんですが、これが全然うまくいかないんです。

クレイマー・クレイマー

このへんも『クレイマー、クレイマー』に似ています。家を出ていった妻が仕事で評価されて元気になっていくいっぽう、夫は妻に逃げられたショックで落ち込むし、子育てのために仕事もダメになっちゃうんですね。

『クレイマー、クレイマー』で有名なのは、父親（ダスティン・ホフマン）が息子のためにフレンチトーストを作る場面ですね。彼はフレンチトーストひとつまともに作れないわけですよ。それで「彼女はこんなに大変なことをしていたんだ。俺は子育ても家事も全部、妻に押し付けてきた。でも、俺はそれをバカにしてた。俺は自分の仕事の方が偉くて、社会的にも重要なんだ、と思っていた。それは、とんでもない間違いだった」と。『マリッジ・ストーリー』でも同じことが行われますね。

チャーリーは料理もできるし、自分では結構いい父親だと思っていたんですが、実は息子のことをそんなに知らなかった。ニコールほど家庭にコミットしてなかったんだ、と突きつけられます。

10分間の罵り合い

そして、この映画のクライマックス。離婚訴訟が始まってから、チャーリーはニコールと弁護士を介してしか会わなくなるんですが、ひさびさに2人きりになって、「ちゃんと話し合いましょう」という展開になります。

これはもしかしたらニコールの気持ちが戻る最後のチャンスかもしれないんですが、最初は冷静に話していたチャーリーはだんだん激昂して壁を殴って穴を開け、ニコールに「君なんか病気になるか、車に轢かれて死ねばいいんだ！」と言ってしまいます。

撮影監督によれば、この10分間に渡る口論は、2日間に渡って30テイク以上撮ったそうです。30回も「死ねばいい！」という罵り合いをやったんですよ。頭がおかしくなりますよね。

しかも2人の俳優はテイクごとに、10分間の口論を全部通しで演じたそうです。2つのカメラで撮って、最終的にはいいところをつなぎ合わせてるんですが。毎回、10分の口論を通しで

30回演じたんです。冷静な状態から感情を爆発させ、最後は泣くまでを。役者ってすごいですね。

ガスライト

ニコールは言います。

「私はあなたを幸福にしようと頑張ってきたの」

「君も幸福だったろう？　何が不満なんだよ？」

チャーリーはまるでわかってない。グリーンバーグと同じです。

「あなた、父親にそっくりね」

ニコールに言われます。彼は気づかぬうちに、軽蔑していた父親と同じことをしていたんです。

ここでチャーリーが『イカとクジラ』の父親みたいなことを言ってしまいます。

「君なんか、僕が演出してやらなかったら、ハリウッドの売れない女優だったよ」

妻の仕事を愚弄する、実に最低な男ですが、ニコールは「私はあなたにガスライトされたのよ」と言い返します。

「ガスライト」(Gaslight)というのは、イングリッド・バーグマンが主演した『ガス燈』（1944

年）という映画のことです。これはある男と結婚した奥さんが、夫に「自分は頭がおかしい」と思い込まされる話です。実は夫が過去に犯した殺人を彼女が見つけそうになったから、「それは気のせいだ」と思わせるために、夫は次々と彼女自身が「自分は頭がおかしくなった」と思わせる仕掛けをします。たとえば自分が家を出た後、別の入口から家に入って、ガス燈のスイッチをつけたり消したりします。彼女は「点滅するはずのないガス燈が点滅して見える私は、頭がおかしい」と思い込みます。この映画から、相手を心理的に追い込んで「自分は頭がおかしくなっている」と思い込ませることを英語で「ガスライティング」（ガス燈する）と言うようになりました。

『ガス燈』（1944年）

つまりニコールは「私は、あなたなしでは女優として大したことない、と思わされたのよ！」と言ってるんです。

「君は裁判に勝つために被害者を演じてるんだろ！」

あとはもうメチャクチャです。

「君といても楽しくなかった！」

「だから他の女とファックしたの？」

「そんなことで怒るな！　やろうと思えば、俺はもっと誰とでもセックスできたのに、君のために我慢したんだ！」

ついにニコールが決定的なことを言います。

「あなたは、自分の自己愛と一体化してしまって、それが自己愛だということすら気づいてないのよ！」

つまり、最初にニコールが挙げた「チャーリーの好きなところリスト」に、彼の問題性が全部あがっていたんですよ……。

バームバックは『人生は最悪だ！』の時はまだ、そこまで自分を客観視して解体できなかった。でも、9年を経て、やっとそれができたんです。

男が求める「聖母マリア」

ついにチャーリーの心は崩壊し、彼女の足元にひざまずいて、初めて泣きます。今までずっと、自分は悪くない、この離婚は不当だと思ってきたんですが、ここでついにわかったんです。自分が悪かったと。

そんなチャーリーをニコールは優しく抱いてあげます。自分に「死ねばいい」とまで言った男を、聖母のように。

「世間は母親に、妻に、聖母マリアみたいになることを求めてるけど、ふざけるんじゃないわよ！」ノラは言っています。「離婚裁判でも妻は完璧が求められるのよ。夫は多少ダメでも〝頑張ってる〟ってことになるのに。聖母マリアが男たちの理想なのよ」

生きるということ

離婚の決着はつき、ニコールとチャーリーの明暗ははっきり分かれました。それは2人の歌で示されます。

ニコールは自宅で、母と姉と3人で、『カンパニー／結婚しない男』（1970年）というブロードウェイ・ミュージカルの挿入歌「You Could Drive a Person Crazy」（あなたは人をクレイジーにさせる）を歌います。

『カンパニー』はボビーというプレイボーイが主人公です。彼と付き合った女性3人が「彼は自分勝手でどうしようもないわ」と、すごく楽しそうに歌います。

いっぽうチャーリーは芝居の打ち上げで、やはり『カンパニー』から、「Being Alive」（生きるということ）という歌を歌います。それはボビーが友達のカップルが結婚する姿を見ていくうちに「結婚や愛はたしかに大変だけど、人はそれぞれちゃんとそこに飛び込んで、一生懸命相手のことを考えて苦労したりすることで、生きるということを実感しているんだ」と気づく歌です。アダム・ドライバーはワンカットで見事に、悲痛に歌い上げます。「人は独りでは、生きているってことにはならないんだ」と。

グレタ・ガーウィグ

『人生は最悪だ！』の時にバームバックが気づいてなかったことに気づかせてくれたのは、グレタ・ガーウィグじゃないかと僕は思うんです。

『人生は最悪だ！』のグリーンバーグが、誰に対しても傲慢にふるまって、誰からも見捨てられた後、グレタ・ガーウィグ扮するフィレンツェという女性と会います。グリーンバーグは彼女に対しても弄ぶようなひどいことをするんですが、なぜかフィレンツェだけは「彼は普通に人に優しくすることができない、かわいそうな人なのよ」と言うんです。グリーンバーグも最後に、彼女は自分を救ってくれる天使だと気づきます。

このストーリーはバームバックがグレタ・ガーウィグと知り合う前に書いたんですが、同じことが実際に2人の間に起こったらしいです。

その後、バームバックは、女優であり脚本家でもあるグレタ・ガーウィグの才能を世間に知らしめるため、彼女の主演・共同脚本で『フランシス・ハ』（2013年）という映画を製作・

監督しました。ガーウィグ自身をモデルにした、ニューヨークでダンサーを目指すフランシスという女性が主人公のコメディですが、まず最初に、ガーウィグがニューヨークの地下鉄のホームで立ち小便するシーンで度肝を抜かれます。ガーウィグはそういう自由で破天荒な女性なんです。

彼女がデヴィッド・ボウイの「Modern Love」をBGMにニューヨークの街を駆け抜けるシーンには、ものすごいエネルギーと底抜けの明るさが弾けています。それにバームバックの彼女への愛も。

この『フランシス・ハ』を足がかりに、ガーウィグはやはり自伝的作品『レディ・バード』(2017年)で監督としてデビューし、アカデミー賞で監督賞、脚本賞にダブルノミネートされます。

そして2019年には2人の間に第一子が生まれ、アカデミー賞ではグレタ・ガーウィグは『ストーリー・オブ・マイライフ　わたしの若草物語』、バームバック

『フランシス・ハ』(2013年)

『レディ・バード』(2017年)

は『マリッジ・ストーリー』で、夫婦共に作品賞にノミネートされました。

ノア・バームバックはジェニファー・ジェイソン・リーとの関係で失敗したことを教訓にして、罪滅ぼししようとしたんじゃないでしょうか。つまり、自分自身よりも自分が愛する人を輝かせようとしたんです。

ラブレター

離婚が落ち着いてしばらく経って、チャーリーがニコールの家を訪ねます。息子は、冒頭のカウンセリングでニコールが書いた「チャーリーの好きなところリスト」の紙を見つけて読みます。ニコールはそれを大事にとっておいたんですね。

チャーリーは息子と一緒にリストを読みます。でも、涙があふれて読み進めることができません。それは、ニコールからチャーリーへのラブレターだからです。

最後にこう書いてあります。

「私は彼を愛することをやめられない。たとえそれが何の意味もないことになっても」

チャーリーはやっと知りました。自分はどれだけ大切なものを失ったのかを。

靴ひもを結んで

『マリッジ・ストーリー』の最後、ニコールはチャーリーの靴ひもがほどけてるのを見つけて、ひざまずいて結んでくれます。靴ひもに気づいたのは、彼のことを頭のてっぺんから足の先までよく見てくれたからです。母親のように。

『クレイマー、クレイマー』にも靴ひもが出てきます。自分のことしか考えていなかった主人公は、だんだんと自分の息子のことを、母親のように注意深く見ることができるようになります。そして、ほどけている息子の靴ひもに気づいて結んであげるんです。

『マリッジ・ストーリー』のニコールはチャーリーをもう夫としては愛せなくなったけど、家族として愛する気持ちは消えない。それが靴ひもに象徴されていると、僕は思うんです。

『クレイマー、クレイマー』にこんなシーンがあります。主人公と同じアパートに住んでいる女性がいて、彼女もチャーリーという夫に逃げられて、子どもを抱えて暮らしながら、「チャーリーも私も他の人と再婚するかもしれない。それでもチャーリーは私の夫で、この子の父親なの」と言います。

「結婚式で〝死が2人を分かつまで夫であり妻である〟と誓ったけど、それって本当だわ」

人は一度誰かを本気で愛したら、いくら憎んでも、完全にその愛を消すことはできない。

『マリッジ・ストーリー』はバームバックがジェニファー・ジェイソン・リーのために書いた反省文であり、ラブレターですね。

彼は『マリッジ・ストーリー』の脚本ができた時も、映画ができた時も、ジェニファー・ジェイソン・リーに見てもらったそうです。なぜなら、これは彼女のために作った映画だから。彼女は「よかったよ」と言ってくれたそうです。

彼は離婚を通して、本当に妻の愛を知りました。だからこの映画は、「結婚の物語（マリッジ・ストーリー）」なんです。

Beauty and the Beast

女と男の寓話二千年の進化

『美女と野獣』

2017年／アメリカ
監督 ビル・コンドン
出演 エマ・ワトソン、ダン・スティーヴンス、ルーク・エヴァンス、ジョシュ・ギャッド、ケヴィン・クライン

古典文学『美女と野獣』

『美女と野獣』は、昔から何度も映画化されてきた物語です。もともとヨーロッパの民話で、それが18世紀にフランスで本になり、1946年にフランスでジャン・コクトーという詩人が

監督したバージョンが映画史に残る古典といわれます。それを元に１９９１年、ディズニーがミュージカル・アニメにして、これが大ヒット。それから26年後の２０１７年にディズニーがエマ・ワトソン主演で実写版を作りました。

『美女と野獣』はその起源を2世紀のローマまで遡れるといわれます。それから１８００年以上の間、進化してきました。その進化は現実における男女の関係と役割の進化を反映しています。さらにその進化のなかで『美女と野獣』は様々な男と女の物語へと枝分かれしていきました。ここでは、その歴史を見ていきます。それで『美女と野獣』をまた何倍も楽しめればと思います。

『美女と野獣』の起源

『美女と野獣』という物語が最初に本になったのは、１７４０年にフランスで、ヴィルヌーヴ夫人（ガブリエル＝シュザンヌ・ド・ヴィルヌーヴ）が書いた版です。

日本で『美女と野獣』の原作として主に読まれているのは、ヴィルヌーヴ夫人版の16年後、１７５６年に出版されたボーモン夫人（ジャンヌ＝マリー・ルプランス・ド・ボーモン）版です。

この2作品、どちらかを読んだ人はちょっと驚いたと思うんです。最初の部分がまるっきり『シンデレラ』なんですよ。ヒロインのベルは意地悪なお姉さん2人に家政婦のようにこき使われているんです。ただ、お母さんはいないので、そこは『シンデレラ』と違いますが。お父さんは商人で、仕事で旅に出て滅多に家に帰ってきません。

意地悪なお姉さんが2人と心優しい末っ子の妹がいて、その妹だけが本当にお父さんのことを愛している……という設定は、シェイクスピアの『リア王』とも同じですよね。シェイクスピアが『リア王』を書いたのは1605年ぐらいだから、ボーモン夫人版よりさらに100年以上昔です。

エロスとプシュケー

でも、その『リア王』よりももっと前に似たような話があるんです。時は2世紀、西暦125年頃（ローマ時代）生まれのアプレイウスという作家が書いた『変容』（変身／The Metamorphoses）という小説です。どうもこれが『美女と野獣』の原型らしいんですね。

3人姉妹が出てきて、上の2人は意地悪だけど、末娘のプシュケーは心優しくて綺麗なんで、やっぱりいじめられます。

プシュケーにはなかなかお婿さんが現れないので、両親が占いをしたら「人間ではなく怪物と結婚させろ」と言われます。そこで両親は、プシュケーを怪物に捧げます。

その怪物はプシュケーと結婚して一緒に暮らしますが、花嫁に「私の姿を見るな！」と言って普段は姿を見せず、夜になると一緒に寝るんですが、真っ暗闇にして灯りはつけさせない。でもセックスだけはするんですね。した後はすぐ寝ちゃう。そういう奴、いますね！

で、怪物がグースカピースカ寝ているところでプシュケーが灯りをつけてみたら、その怪物はなんと……美しい天使、いわゆるエロス（キューピッド）だった……という話なんです。

プシュケー（Psychē）とは、「サイコ」（Psycho＝精神）という医学用語の原点になった言葉です。エロスは「性欲」ですね。魂（プシュケー）と性（エロス／エロチシズム）が合体して夫婦になるんですね。

千と千尋の神隠し

さて、ヴィルヌーヴ夫人が書いた『美女と野獣』に話を戻すと、商人として旅をしているベルのお父さんは「娘が〝バラがほしい〟って言っていたから」と、ある城にあったバラを盗んで、城主である野獣（ビースト）に捕まってしまいます。

「お前の娘をこの城によこして俺の嫁にするならば、罪を許してやる」という条件を出されて、娘が自ら人身御供（ひとみごくう）になるためにそのお城に行きます。

「父親の罪を贖うために生贄にされる娘」というプロットは『千と千尋の神隠し』（２００１年）もそうですね。１９４６年のジャン・コクトー版では、お父さんが野獣のお城に入って、そこにあった料理を食べて捕まるんです。ここも『千と千尋の神隠し』の元になってますね。

『千と千尋の神隠し』（2001年）

ジャン・コクトー版では、その時にテーブルのポットや燭台が勝手に動いて「ようこそいらっしゃいました」としゃべるんです。ＣＧのない時代ですから、テーブルの下から腕が突き出して、それがポットを持ったり燭台を持ったりして動かしているんですが。要するに家具が全部、生きている。これがディズニー・アニメ版で登場する、ポット夫人とかロウソク付き燭台のルミエールの元ネタです。

アヴナン

ディズニー版のベルは、ガストンという傲慢な男から求婚されていますよね。ジャン・コクトー版にも、アヴナンという求婚者が登場します。アヴナンもガストンと同じく美男だけど、キザで暴力的な男性主義者です。

ただディズニー版のベルはガストンを毛嫌いしてますが、ジャン・コクトー版のベルは最初、アヴナンに言い寄られてまんざらでもない感じなんですよ。求婚を断る理由も「私は家事をしなきゃならないから」というんで、アヴナンが嫌いなわけじゃない。

コクトー版でキザな求婚者アヴナンを演じるジャン・マレーは、ゲイだったジャン・コクトー監督の愛人だったと言われています。ルキノ・ヴィスコンティ監督とヘルムート・バーガーのような関係だったらしいんです。ヴィスコンティは自分の息子のような年齢（38歳年下）の青年ヘルムート・バーガーを見つけて、俳優に育て上げて、死ぬまで夫婦のように暮らしました。ジャン・コクトーとジャン・マレーも似たような関係だったと言われています。

ちなみに、ディズニー実写版の監督ビル・コンドンとガストン役のルーク・エヴァンズはゲイであることを公表していますね。

ジャン・コクトーは、第二次世界大戦が終わってフランスがナチスから解放された直後に『美女と野獣』を撮りました。「戦争のせいで人々が忘れてしまったおとぎ話を蘇らせたい」と言って。

でも、『美女と野獣』はよく見ると、おとぎ話というには、あまりにリアルというか、悪く言うと所帯じみた男女の関係が描かれているんですよね。

恥ずかしがる野獣

野獣の城に入ったベルは、初めて野獣を見てびっくりして気絶します。アニメ版もコクトー版もそうです。で、どのバージョンでも同じなのは、その後はむしろ野獣の方が「僕を見ないでくれ」って恥ずかしがるということです。

ベルの父親には「お前の娘をよこせ。よこさないと殺すぞ！」と強気で脅していたくせに、ベルを前にするとおどおどしてるんです。だから、だんだんベルの方が「恥ずかしがらないでいいのよ」みたいに、優しいというか、上から目線になってくるんですね。

ベルが「散歩してあげましょうか」と言うと野獣は「ありがたいことです！」って喜ぶのが笑っちゃうんですけど。

特にジャン・コクトー版の野獣は、やたらとベルに謝るんですよ。自分が彼女を囚われの身にしたくせに、いつも「本当、ごめんね、ごめんね」ってペコペコしてるんです。

ベルが「あなた、何をそんなに申し訳なさそうにしてるの？」と言うと、野獣は「僕はこんな不細工だから、本当に申し訳なくて……」と言います。ベルは「それはあなたのせいじゃないんだから……」と慰めるんですが、人身御供のはずのベルが野獣よりも優位に立っていきます。しまいには野獣が何かで遅れるとベルは「遅いわよ！」とむくれるようになります。

類猿人ターザン

『美女と野獣』を観直してそれに気づいて、僕が思い出したのはターザンです。『ターザン』の映画化で最も有名なのは水泳選手ジョニー・ワイズミュラー主演のバージョンです。1作目『類猿人ターザン』（1932年）が大ヒットした当時、まだ20代前半の淀川長治先生が「ターザンがこんなに美しいのは、（他のヒーローと違って相手役の）女性がいないからだ」と書いてます。つまり女性を知ったらターザンはダメになる、と。

2作目の『ターザンの復讐』（1934年）で淀川先生の危惧は的中します。ターザンはニューヨークからジャングルにやってきたジェーンという美女（モーリン・オサリヴァン）に落とされちゃうんです。

ターザンの童貞を奪った翌朝、ジェーンがもうベッドにふんぞり返って威張ってます。「なんか美味しいもの、持ってきて」と言うんです。

するとターザンが「はい！ わかりました！」って感じで食べ物を取りに行きます。もう尻に敷かれているんですね。

子どもがこれを観たら、「ジャ

『類猿人ターザン』
（1932年）

『ターザンの復讐』
（1934年）

ングルの王」と思っていたターザンが、自分の父ちゃんみたいになってるんで、かなり日常に引き戻されますよ。

『美女と野獣』にもそういうところがあるんです。

渇き

野獣がものすごく恥ずかしかってる理由は「顔が醜い」ということだけではないんですね。理由は2つあるんですが、ジャン・コクトーはそれを比喩的に表現します。

まず、野獣は喉が渇いてしょうがない。こっそり泉に行って水をガブガブ飲むんですが、それをベルが見て、なぜか「あっ！」と驚きます。野獣は「僕は喉が渇いてしょうがないんだ」と言います。

この「渇き」は明らかに「性欲」を意味しています。野獣はひとりぼっちでずっと城の中に暮らしていて、女性に飢えた状態なんです。

コクトー版では、セリフではっきり「愛は男を野獣にするんだ」と言っています。この映画における「野獣」というのは、ギラギラした性欲が見た目に出ちゃっている状態です。彼はそれが恥ずかしくて仕方がないんです。

年老いた野獣

コクトー版の野獣は、ベルに「も、もしかして君に求婚してる人がいるんじゃないの？」と聞きます。ベルが「いるわ」と答えると、野獣は焦って「そ、その男は若いのか？　ハンサムなのか？」と尋ねます。野獣は、自分のライバルが若いことをすごく気にし続けるんです。ディズニー版で野獣が古城に閉じこもっていたのは21年なので、人間なら40歳くらいでしょうが、コクトー版の野獣はもっと昔から閉じこもっていたことになっています。

ベルの父さんが病気だと知ったベルは「実家に帰りたいの。帰らせてください」と言います。この時の野獣の反応が、コクトー版ではすごく情けないんです。「君が行ってしまったら、二度と帰ってこないに決まってるんだ。だから帰したくないんだ」と言って泣くんです。

コクトー版の野獣は、いってみれば「いい歳まで結婚相手がいなかった、ないしは奥さんに死なれてしまった中年以上の男が若い女性を嫁にもらったんだけど、ちゃんと話ができない」感じなんですよ。

つまり、家のために親子ほど歳の違う金持ちに嫁いだ女性、それがベルなんです。『美女と野獣』はそんな、昔はよくあった現実のメタファーなんです。

青ひげ

『美女と野獣』の野獣は、見た目は野獣でも内面は紳士ですね。でも、もし内面も野獣だったら？

『青ひげ』がそうですね。これはもともとヨーロッパに古くから伝わる寓話を1697年にシャルル・ペローが本にしたものが有名です。

青黒いヒゲの男性に嫁いだ女性が「この部屋にだけは入っちゃいけないよ」と言われます。でも、好奇心がどうしても抑えられなくて、夫が出張に行ってる間に、とうとうその開かずの間を覗いてしまったら、女性の死体が大量に隠されていた。それは青ひげの過去の妻たちで、みんなその部屋を覗いたので殺されてしまった、というお話です。

ペローの小説では、妻は青ひげに殺されそうになりながら、最終的に青ひげを倒して生き延びるんですが、もともとの寓話は、夫の過去や秘密を知ろうとするな、それで夫婦はおしまいになるよ、という妻の好奇心を戒める教訓としての意味合いが強かったそうです。

鶴と雪女

「絶対に見ないでね」という話では『鶴の恩返し』という民話がありますね。ある男が罠にかかった鶴を助けたら、「つる」という女性が訪ねてきて奥さんになってくれます。その名前で気づけよ！　と思いますが……。つるは夫のために一生懸命働いて、布を織ってくれます。ただ、彼女は機織りをする時は部屋に閉じこもっていて「織ってる時は部屋の中を見ないで」と言ったのに、夫はやっぱり好奇心に負けて見てしまう。すると織っていたのは鶴で、それで結婚は終わります。

民話では『雪女』も夫婦の話ですね。小泉八雲（ラフカディオ・ハーン）が、著書『怪談』で英語に翻訳したものが有名です。

『雪女』では雪山で男が雪女に殺されそうになりますが「私と会ったことを絶対に誰にも話さないなら、生かしてやろう」と約束して、生き延びます。その後、「お雪」という美しい女性が男のところに来て、結婚してくれます。だからその名前で気づけよ！

で、子どもも生まれて幸福に暮らすんですが、男はふと妻に「昔、こんなことがあってね」と雪女のことを話しちゃうんです。するとお雪が「あなた、約束を破ったわね！」と雪女の正体を現して、山に帰っちゃうという話ですね。これは、夫が昔の女性体験をうっかり話しちゃったという例ですね。それもダメなんですよ！

つまりどれも、夫婦といえど知っちゃいけないこと、言っちゃいけないことがある、という夫婦円満の秘訣を民話の形で世界各地で伝えていたということなんですね。

アレンジド・マリッジの説得

『美女と野獣』も、もともとは結婚についての教訓を語る民話だったという説が有力です。つまり、親が若い娘を歳の離れた男に嫁がせる時に聞かせる物語だと。昔はそういうことがよくあったからです。

現在の日本では恋愛結婚が大半ですが、たとえば僕が子どもの頃、つまり40年ぐらい前はお見合い結婚が普通でした。親同士がアレンジして子どもたちを会わせて結婚させる、英語で言うアレンジド・マリッジです。今でも中国やインド、中東、アフリカ、ヨーロッパでも田舎の方はまだその風習が続いています。

父親が借金を抱えたり、仕事上の理由で、娘を金持ちに嫁がせる、ということも多かったでしょう。『美女と野獣』は父親が最初にバラを盗んで、その代償としてベルが金持ちのところに嫁に行かされるわけで、実はリアルで日常的な話なんですね。

でも若い娘は、いくら金があろうとブサイクなおっさんの嫁になるのは嫌なわけです。たとえ貧乏でも身近にいる若者と結婚したい。そんな娘を説得するために、大人たちは『美女と野獣』の話をするわけです。たしかに先方は見た目がケダモノかもしれない。でも、その中には優しい紳士がいるんです。お前を本当に幸福にしてくれるのは彼ですよ、と。

蒲団

特にコクトー版の野獣は、本当に情けないんです。ベルが実家に帰っている間に、野獣は病気になっちゃうんですよ。

ベルがいないだけで、もう寂しくて寂しくて、ベルが寝ていたベッドに頬ずりしてすすり泣くんです。田山花袋の『蒲団』か！

『蒲団』は田山花袋の体験に基づく私小説です。中年の作家の家に女学生が押しかけて弟子入りして住み込むんですが、女学生が恋人を連れ込んだので追い出します。でも彼女が去った後、作家は彼女が使っていた布団に顔を埋めて、彼女の匂いを嗅ぎながら泣くんです。

コクトー版の野獣がショボショボなのは、これを撮った当時のコクトーが還暦に近かったせいもあるでしょう。実際、『美女と野獣』製作中にコクトー自身が病気になってしまって、皮膚もボロボロになったそうです。老いの恐怖や孤独感、外見の衰えの恥ずかしさなどが、野獣に投影されているようです。

野獣とイケメンを天秤に

コクトー版でも、ディズニー版でも、ベルに求婚している男が「野獣をやっつけろ！」と城にやってきます。ディズニー版のガストンと野獣は決闘することになります。コクトー版のアヴナンは、月の女神ダイアナの彫像が放った矢に射られて、野獣になって地面に倒れます。

最後、ベルが野獣に「愛しています」と言うと、呪いが解けて、野獣は若い王子様になります。結婚します。

そして「私の両親が魔法を信じなかったので、魔法をかけられて野獣になっていました」と説明します。コクトー版では、その王子も、ジャン・マレーが一人二役で演じています。

「男は女を好きになると獣になる。でも、愛は醜い男をハンサムにも変える」とも言います。

コクトー版が面白いのは、野獣が若く美しい王子様になったのに、それを見てベルは喜ばないんです。野獣もさすがに不思議で、理由を尋ねます。

「ベル、君はもしかして本当はアヴナンが好きだったの?」

すると、なんとベルは暗い顔で「ええ、そうだったわ……」と答えるんですよ!

それを聞いた王子は「ガーン!」って顔になるんですけど、ベルはすぐにニコッと笑って「ううん、そんなことないわ。あなたが好きよ」と言って、2人は手に手を取って、結婚するためにお城に飛んでいきます。足元には野獣になったアヴナンが倒れてるんですけど、ほったらかしです。

コクトーのベルは純粋無垢じゃなくて、高慢なイケメンと見た目が悪い金持ちを天秤にかけて、最終的には自分がコントロールしやすい方を選ぶ、現実的すぎる女性として描かれているんです。

ノートルダムとオペラ座

「引きこもりで純情な怪物の、女性に対する不器用な愛」というテーマは人々の想像力を刺激して、『美女と野獣』からは数え切れないほどの物語が派生していきました。『美女と野獣』が生んだ物語をまとめるだけで本1冊書けるくらいです。

たとえば1831年にフランスでヴィクトル・ユーゴーが書いた小説『ノートルダム・ド・パリ』(ノートルダムのせむし男)。体に障碍があるため、生まれた時からパリのノートルダム大聖堂で暮らしている鐘つき男、カジモドがジプシーの美女エスメラルダを愛して、悪の権力者と闘います。この物語では誰よりも醜いカジモドが誰よりも美しい心を持っています。

1909年に発表された、やはりフランスのガストン・ルルーの小説『オペラ座の怪人』も、ノートルダムと同じくパリの実在の建築物、オペラ座を舞台にしています。顔に醜い障碍がある音楽家が、オペラ座に隠れ住み、美しい歌手に愛を捧げて彼女をスターにしようとします。この怪人も、誰よりも美しい歌を書く素晴らしい芸術家です。

アンチ美女と野獣

ディズニーの『美女と野獣』には、野獣はもともとハンサムな王子だったが、高慢で、醜い老婆を残酷に扱った罰で野獣にされた、というプロローグがあります。王子は野獣になった自分が恥ずかしくて引きこもりますが、ベルが見た目を気にせずに自分の心を愛してくれたことで救われます。

それなのに！　最後は野獣がハンサムな王子様になってベルと結ばれるんです。これはどう考えても矛盾してる！　と、昔から批判されてきました。

そして作られたアニメ映画が『シュレック』（２００１年）です。シュレックは心優しい緑色のオーガ（鬼）。彼は城に幽閉されたフィオナ姫を救い出します。でも、フィオナ姫は夜になるとオーガになる呪いをかけられています。「運命の人とのキス」でフィオナ姫の呪いは解けるのですが、「運命の人」はシュレックで、キスすると彼女は完全なオーガになり、２人はオーガ同士で結ばれて終わります。

「これは『美女と野獣』へのアンチテーゼだ」

そう宣言して、ギレルモ・デル・

『シュレック』（2001年）

『シェイプ・オブ・ウォーター』（2018年）

トロ監督も『シェイプ・オブ・ウォーター』（２０１７年）を作りました。アマゾンに住む半魚人（ダグ・ジョーンズ）と、口が利けない女性（サリー・ホーキンス）のラブストーリーです。半魚人はハンサムな王子様に戻ることなく、女性は彼と一緒に海底に去っていきます。

ただ、『美女と野獣』の野獣は、実際の外見の問題以上に心の問題を抱えています。自己評価の低さと過剰な自意識です。「自分は愛されないのだ」という過剰な思い込みで、自分自身を閉じ込めてしまったのです。

でも野獣は心の奥底で、いつか自分の見た目じゃなくて、心を見てくれる人に愛されることを夢見ています。そんなロマンチックなところが古今東西、多くの人々を惹きつけてやまないのでしょう。

ジェーン・エア

だから、野獣は必ずしも見た目が怪物である必要はありません。

たとえば、１８４７年にイギリスのシャーロット・ブロンテが書いた小説『ジェーン・エア』。

貧しい孤児ジェーンは、一生懸命勉強して教養ある自立した女性に育ちます。19世紀のイギリスは階級社会で、貧しい人々は文字も読めませんでした。また女性も教育や就労で差別され、1人で生きていくことは困難でした。その時代を努力だけで突破していく、最先端の女性がジェーンです。

18歳のジェーンはロチェスターという貴族の屋敷に召使いとして雇われます。屋敷の中は暗く、ロチェスターは引きこもりがちで、なかなか姿を見せない。暗く、偏屈で無口な男です。ロチェスターは30代半ばという設定ですが、18歳のジェーンからすれば父親のような年齢です。ロチェスターは2011年の映画版ではマイケル・ファスベンダーみたいなハンサムな俳優が演じていますが、原作ではこんな風に描写されています。

「太く黒い眉、角張ったいかつい額、性格を表したようにくっきりした鼻、癇癪持ちらしい開いた鼻孔、冷厳な口元、顎——間違いなく、どれも恐ろしげだった」

まさしく「野獣」です。

原作ではジェーン・エア自身も美人ではないと書かれています。彼女が身分差に物怖じせず、堂々と発言していくうちに、偏屈なロチェスターは理知的なジェーンを愛し始め、ジェーンもまたロチェスターの暗い外見の内側に秘められた優しい心を知り、2人の間に身分違いの愛の炎が燃え始めます。

でも、ロチェスターの陰鬱さは消えません。屋敷には幽霊が出るんです。実はロチェスターは発狂した前妻を屋根裏に閉じ込めていたんです。これは『青ひげ』に出てきた「前の奥さんの死体を隠した部屋」の変形ですね。カレン・ロウというフェミニストの文学研究家が1979年に、『ジェーン・エア』の原点に『青ひげ』や『美女と野獣』があることを指摘しています。

2017年のディズニー実写版『美女と野獣』のベル（エマ・ワトソン）のキャラクターはジェーン・エアを意識しています。1991年のディズニー・アニメ版のベルは現実よりもおとぎ話を読むのが好きな夢見がちな女性でしたが、エマ・ワトソンのベルは本を通して世界の現実を知ろうとする、知的で自立した女性として描かれました。

人喰いの老人

ディズニー・アニメ版が公開された1991年、もう1本の「美女と野獣」の物語が映画化され、大ヒットし、アカデミー賞を受賞しています。そう、『羊たちの沈黙』（1991年）です。

『羊たちの沈黙』のヒロイン、クラリス（ジョディ・フォスター）の父は保安官で、犯人逮捕時に撃たれて亡くなり、貧乏で苦労して育ち、父の遺志を継いでＦＢＩの訓練生になります。

『羊たちの沈黙』
（1991年）

ベルと同じく、父が最初の動機になっています。

連続殺人事件の犯人を探すため、クラリスは精神病院に収監された食人鬼ハンニバル・レクター博士（アンソニー・ホプキンス）に会います。彼は人を殺して食らう野獣です。レクター博士は最初、クラリスをバカにして屈辱的なことを言ったり、謎かけで彼女を試します。しかし、クラリスがその聡明さを発揮すると、レクター博士はだんだん彼女に好意を抱いていきます。

レクター博士は神の存在を信じない悪魔のような男ですが、クラリスの中に人間の素晴らしさを見出していきます。レクターは強化プラスチックの檻の中に閉じ込められているんですが、犯人を見つけるための手がかりをクラリスに渡す時に一瞬、２人の指が接触します。あれは天使と悪魔のラブシーンです。

恋は通過儀礼

僕は日本のテレビドラマ『世界一難しい恋』（２０１６年）を観ていたんですが、これも『美女と野獣』的だなあ、と思っています。ヴェンチャー企業の社長として成功したけれど、傲慢でわがままで女性との恋愛経験がまったくない鮫島（大野智）という男が、社員の１人、美咲（波瑠）を好きになるけど、どう付き合ったらいいかわからない。そこで秘書（小池栄子）と運転手（杉本哲太）が彼に手取り足取り教えてあげます。この２人がまるっきりディズニー版

『美女と野獣』のポットおばさんとロウソク付き燭台のルミエールの役割なんですよ。

『世界一難しい恋』は、わがまま放題に生きてきた男が、恋愛を通して、人の気持ちを慮（おもんぱか）り、自分の気持ちをちゃんと伝える、つまりコミュニケーションの方法を学ぶ、遅れてきたイニシエーション（通過儀礼）の物語でした。

ディズニー版『美女と野獣』で、野獣はコミュニケーションを、ベルとのダンスで学びます。2人で踊るにはコミュニケーションが必要です。つまり相手を受け入れ、自分を開くこと。野獣はそれをベルから教えられます。だから、このダンスシーンは『美女と野獣』の最大のクライマックスなんです。

『美女と野獣』は歴史の変化に合わせて、嫁に行く女性への教訓から、殻を破れない男に向けた教訓へと進化してきました。でも、それだけ語り継がれるということは、恋愛の本質は昔から何も変わっていないのでしょう。

変わったのは少しだけ
言うことはあまりない

2人はちょっと臆病で
心の準備はまだだけど
美女と野獣
（楽曲「Beauty and the Beast」より／著者翻訳）

Just Only Love

生きるために誰かを愛する
『愛がなんだ』

2019年／日本
監督 今泉力哉
出演 岸井ゆきの、成田凌、深川麻衣、若葉竜也、江口のりこ

執着

今泉力哉監督『愛がなんだ』の主人公は20代後半のOLテルコ（岸井ゆきの）。彼女は、マモル（成田凌）という、雑誌関係の仕事をしているらしい男を好きになります。2人は肉体関係

になるんですが、マモルはテルコに「愛してる」とは決して言いません。で、マモルはテルコとの関係を一方的に切ります。それで完全にマモルとテルコの関係は終わります。

それなのに、テルコはますますマモルに執着していくんです。

ちょっと怖いと思いませんか？　セリフでもはっきり「ストーカー」って言っちゃってます。

最悪の男

マモルはそんなに魅力的なのか？

映画では成田凌さんが演じてるので、わかりやすくイケメンなんですが、角田光代さんの原作小説では「背が低く、体つきも貧相で、お洒落というわけでもない」と書かれています。

マモルの性格がこれまた最悪です。

テルコが自分を好きだとわかると、彼女の事情はお構いなしに、電話で呼びつけます。呼びつけて用が済むと「帰って」と言って、終電がなくても平気で部屋の外に放り出しちゃう。

たとえば「俺、今日動物園行きたいからさ、行こうよ！」と誘って、テルコが「私、会社があるのに……」と言っても「いいよ、行こう、行こう！」って。それで動物園に行ったテルコは、会社をクビになります。

テルコはマモルの部屋に入れてもらって、散らかっているから片付けるんですが、自分のテリトリーを侵害されたと感じたマモルは「出ていって」ってテルコを追い出して、その後、連絡しません。一方的に関係を切っちゃうんです。

ところがテルコは、いつ来るかわからないマモルの連絡をひたすら待ち続けます。いつ連絡が来ても飛んで行けるように、定職に就かないんですよ。自分の生活を犠牲にして彼の連絡を待ち続けるんです。

何カ月も経って、突然マモルから呼びつけられます。テルコが喜んで会いに行くとマモルは「この人、すみれさん」って、年上の女性（江口のりこ）を紹介します。マモルはテルコの気持ちも考えずに、すみれが好きだと言います。ところが、すみれはマモルに全然気がないんです。

するとマモルは腹いせに、テルコに「やらせて」って言うんですよ。しょうがねえな、こっちで済ますか、みたいな感じで。でも、彼はテルコをそんなに好きじゃないから、勃（た）たない。

「なんて阿呆（あほう）な男なんだろう」

原作のテルコは、心の中でそうつぶやきます。テルコは現実が見えなくなってるわけじゃなく、冷静にマモルが薄っぺらな男だとわかってるんです。

それなのにテルコは、彼に何もかも捧げていくんです。

モテない男を演じる成田凌

あまりに謎だから、今泉力哉監督を追っかけまして、岐阜まで追っかけて捕まえて、いろいろ質問しました。

マモル役を成田凌にしたのは、正直言って「その方がお客さんが入るから」とのことです。

まあ、原作通りの貧相な男じゃ製作費も集まらないですよね。

でも、いろいろ苦労してマモルを徹底的に「モテない男」として演出した、と。

たとえば、2人で道を歩いている時、マモルは決して車道側を歩かない。モテる男って、女の子が危なくないように自分は車道側を歩くんですよ。でも、マモルはそういうことができない男なんです。

あと、彼女の荷物を持ってあげるとか、ドアを先に開けてあげるとか、そういう気遣いを全部封印したんですって。

ただ成田凌ですから、アドリブでモテる仕草が無意識に出ちゃうんですね。それがあの「追いケチャップ」。料理に味が足りないのを追加するように、マモルがちょっとケチャップつけた自分の指をテルコになめさせる。エロすぎ！　そんなこと、女たらし以外にできないから！

本当のマモルは？

じゃあ、成田凌はミスキャストなのか？

映画のなかで彼は自分のことを「俺って、かっこよくないじゃん」と言うんです。成田凌がですよ。おかしいでしょ。

原作は完全にテルコの一人称で書かれています。映画も基本的にテルコの視点から撮影されていて、テルコの目のアップから映画は始まるんですよ。また、テルコが路上で突然、恋敵のすみれをラップでディスる場面があるんです。「塚越すみれ！ 下着はよれよれ！ 内臓荒れ荒れ！」みたいに。ここは実際にはラップしていなくて、彼女が心の中で思っていることを、映像で見せているんですね。

だから僕はこう考えました。成田凌は「テルコから見たマモル」なんだと。彼女からはマモルは成田凌に見えている。でも、実際は全然違うんだと。

「マモルの顔はなくていい」

今泉監督の奥さん、映画監督の今泉かおりさんは、『愛がなんだ』の脚本を読んでそう言ったそうです。

「顔がいいとか、そういう理由はいらない。テルコのマモルへの愛はマモルという存在から独立している。だから最後までマモルの顔は見せなくていい」

実際にそうしたらすごい映画になっていたかもしれませんが、まあ、それくらいマモルというのは空っぽな存在なんですね。仕事に関して彼が言う言葉は、今泉監督が昔、人から聞いた言葉で「これはペラペラだな。この人は絶対に成功しないな」と思ったことをそのまま言わせたそうです。

存在しない愛の中心

マモルは見た目も本当は悪くて、中身も空っぽ。なぜテルコは彼を好きになったのか。

テルコが「この人だ！」と思った瞬間は『愛がなんだ』のポスターになっている「テルコがマモルにおんぶされて笑ってる場面」です。初めて会った頃、テルコのハイヒールのかかとが折れて歩けないから、彼に背負ってもらった……。

どんなにマモルに冷たくされても、テルコの心の奥底には、いつもこの幸福の記憶があるわけです。


ところが、このおんぶは映画のなかにないんですよ！

監督によると「実際に撮影はしたけど、あえて使わなかった」そうです。

これは恐ろしいことですよ。テルコがマモルに優しくされた、ほとんど唯一の記憶――テルコがマモルを愛する唯一の理由——が存在しない。存在した証拠がポスターしかない。もしかしたら、このおんぶもテルコが捏造（ねつぞう）した、偽りの記憶かもしれないんです。

このことに気づいた時、テルコの愛の中心を覗いたら底なしの暗闇がぽっかり空いていたようで、ぞっとしました。

「好き」ということ

では、このテルコとはどんな女性なのか。どんな性格で、どんな背景があるのか。何もないんです。

彼女のアパートの部屋には写真やポスターや本やCD、置物など、彼女の生まれ育ちや性格や趣味嗜好を示すものがほとんどないんです。

プロデューサーに話を聞くと、これは意図的な演出だそうです。つまり彼女はこだわりとか、好きなものが特にない、真っ白な人なんです。でも……テルコは独白します。

「マモちゃんと会って、それまで単一色（モノクローム）だった私の世界はきれいに二分した。〝好き〟と〝どうでもいい〟の2つに分かれた。そうして見ると、仕事も他の女の子たちも私自身の評価というのも、もう〝どうでもいい〟方に分類されてしまった」

「好き」がなかったテルコは、マモルを好きになることで「好き」を知ったんですね。

今泉監督はパンフレットで「〝好き〟っていうのは〝強い思い〟のことだ」と語っています。この「好き」は恋愛には限らない、とも言っています。今泉力哉監督に直接お話を聞いたところ、この「好き」こそが、監督が以前から追求してきたテーマだそうなんです。

僕は申し訳ないことに、それまで今泉監督の過去作品を観ていなかったので、これを機に慌てて拝見しまして、「なるほど」と腑に落ちました。

うらやましい

今泉監督はこの前に自分の脚本で『パンとバスと2度目のハツコイ』（2017年）という映画を撮っています。『愛がなんだ』で葉子というキャラクターを演じた深川麻衣さんがヒロインのふみを演じています。

ふみはパン屋さんで働いている20代の女性。付き合っている男性がいるんですが、彼が婚約指輪を捧げてプロポーズしても「うーん、あなたのことを一生愛し続ける自信がないわ」って感じで、結局、別れてしまうんです。

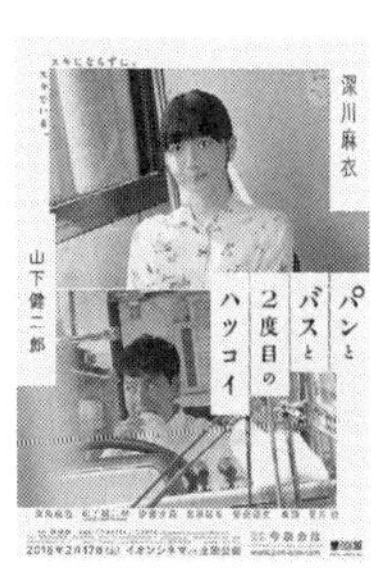

『パンとバスと2度目のハツコイ』（2017年）

ふみは「自分ひとりでいる方が楽」と言います。「誰かと一緒に暮らしたら、ひとりでいることはできなくなってしまうから、人と一緒に暮らすのは難しいな」と。

最近はそういう人が多いですよね。

ある日、ふみが働くパン屋さんにひとりの女性が飛び込んできて、ふみの同僚の女の子に「私の夫を盗りやがって！」って掴みかかってフランスパンで殴ります。そういうみっともない痴話喧嘩を見て、ふみはつぶやきます。

「うらやましい」って。

「こんなにみっともないことを人前でやるほど、人を好きになれるなんて。うらやましい」

愛せない不安

ふみは、緑内障を患っています。緑内障は進行性なので、ふみは、失明するかもしれないという不安を抱えています。

この緑内障は、彼女の「このまま誰も愛せないまま孤独に死んでいくかもしれない」という不安とつながっています。

ふみは妹の二胡（にこ）（志田彩良）と一緒に暮らしています。妹は美大で絵の勉強をして、絵描きを目指しています。実はふみも過去に絵を描いていて、絵の学校に行ってたんですけど、辞めちゃったんですよ。

それほど絵に夢中にはなれなかったんです。その経験はやはり「自分は何かを本気で好きになることができないんじゃないか」という不安と結び付いています。

永遠の片思い

でも、ふみにはひとつだけ好きなことがあります。パン屋の仕事が終わった後、市バスの操車場に行って、超巨大なマシンでバスが洗われるのを眺めることです。そんなマシンがあるんですね。僕はこの映画で初めて見ました。

バスの操車場で、ふみは、高校時代の初恋の人、たもつ（山下健二郎）に再会します。彼はバスの運転手なんです。

たもつはバツイチです。妻が他の男のところに行っちゃったんですね。それでも彼は逃げた元妻のことが好きで他の女性を愛せないんです。それを知ると、ふみはなぜか、たもつへの片思いをどんどん強くしていくんです。

『愛がなんだ』のテルコも、マモルはすみれが好きで、自分は永遠に片思いなんだと知れば知るほど、マモルへの愛を深めていく。それとまったく同じですね。

憧れがただの日常になる時

ふみは、なぜ、愛し愛される関係を望まないのか？

「洗車される最中のバスに乗ったら、どんな体験なんだろう？　いつも想像してるんだ」

ふみはたもつに言います。するとたもつがあっさり「じゃあバスに乗せて、そのまま洗車してあげるよ」と言って、すぐにやってくれるんです。

「実際に経験すると、大したことないだろう？　これは俺の日常だから」

憧れはただの日常になったら終わりなんです。

ふみが、高校時代の友達に「私は誰も愛したことがない」と言うと、「えっ、そんな人いるの？」みたいな反応をされます。ふみが考えている恋愛は、「あの人、好き！」みたいな軽いノリじゃなくて、もっともっと強い想い、人生を賭ける情熱なんです。

私を好きにならないで

たもつに片思いし始めた時、ふみは、彼女をそれまで苛んできた「自分は人を真剣に愛せない」という孤独や不安から解放されました。

でも、相思相愛になって結婚して暮らしたら、やっぱりその人の嫌な部分も見えて、憧れだったものがただの日常になっていく。そうなったらふみは、またしても夢中になれるものを失ってしまう。

永遠に手が届かないから、人生を歩く目標にできたのに、それを手に掴んでしまったら、そこからどこにも行けなくなってしまう。

だからふみは、たもつに「私を好きにならないでね」と言うんですね。恋愛が始まったら、必ず終わりが来るから。それより永遠に片思いをしている方が、私は幸せだから、と。

これはちょっと宗教と似ていますね。神の実在は永遠に証明できない。いくら祈っても、何も答えてはくれない。だからこそ、信じ続けられるんですね。僕は昔から、もし神様が実際に人々の前に現れたら、かなり信者を失うと思っているんですよね。

もう嫌いになれない

『パンとバスと2度目のハツコイ』は「その魅力の本質を知ってしまっても、憧れ続けることができるのであれば……」というセリフで終わります。これを受けるのが、『愛がなんだ』の「その人のダメなところを全部好きになってしまったら、もう嫌いになることは永遠にできないよ」というセリフです。『パンとバス〜』の先を描くのが『愛がなんだ』なんですね。

テルコはマモルの最低なところを全部見た後でも、彼を愛し続けることに決めます。

これも宗教に似ています。何かの信者になると「おためし」などと呼ばれる、信仰を試される経験をすると言われています。たとえばその宗教を信じることで家族との関係が悪くなったり、その信仰が間違いだと説得されたり、その団体の幻滅するような事実が見えてきたりして、信仰心が揺らぐ段階がある。多くの人はそこで信仰心を失うけれど、それを乗り越えてしまうと、もう何があっても信仰心が揺るがない、本当の信者になる。つまり自己洗脳が完成する。だからテルコは、もう戻れないんです。

逃げるんじゃねえよ

『愛がなんだ』の登場人物・ナカハラくん（若葉竜也）もテルコみたいに、葉子（深川麻衣）を愛して、ただただ奴隷のように彼女に尽くしています。セックスはたまにさせてもらえるそうですが、それだけなんです。愛してはもらえない。テルコとナカハラくんは、いくら尽くしても何も返ってこない恋愛にすべてを捧げている者同士の連帯感で結ばれていました。

でも、とうとうナカハラくんはテルコに「僕が何でも葉子さんの言うことを聞いてしまうから、彼女はどんどんワガママになっていく。僕が彼女をダメにしている。だから、僕は葉子さんを好きでいるのをやめます」と音を上げます。この告白は長回しの素晴らしいシーンになっていますね。

するとテルコは、ナカハラくんへの怒りを露わにするんですね。「お前さー」って。普段のふわふわしたしゃべり方とまったく違って、ドスの利いた声で。

「そんなきれいごと言わないで、葉子が手に入らないからあきらめるって正直に言えよ！」

原作にはさらにこう書いてあります。「(ナカハラくんは) 自分のなかの、彼女を好きだと思う気持ち、何かしてあげたいという願望、いっしょにいたいという執着、そのすべてに果てがないことに気づいて、こわくなったんだろう。」

「その底無し沼みたいな感覚が怖くなって、お前は逃げるんだろう?」って、裏切り者を糾弾しているみたいです。

見返りを求めるな

映画版では、ナカハラくんが原作にはないセリフを言います。

「幸せになりたいっすね」

これにテルコは「うるせえバカ！」と吐き捨てます。

幸せとか求めてるのかよ？　最初からそういう浅ましい気持ちで葉子を愛したのかよ？　愛ってそんなものなのかよ？　何かしたら返ってくるとでも思ってるのかよ？　私たちは何をしても報われないかもしれないけど、それでも愛し続ける道を選んだはずじゃなかったのか？

これも宗教に置き換えられますよね。宗教が弾圧されると「私たちはこんなに神に尽くしているのに、神は私たちを助けない。もう神なんか信じられません」と言う人が出てくる。それに対して「お前は神が何かしてくれるから、見返りを求めて神を信じたのか？」と責めるのが、テルコなんです。

紙の月

さて、『愛がなんだ』の原作者、角田光代さんの作品に『紙の月』（角川春樹事務所）という小説があります。これは実際にあった銀行員による横領事件がモデルで、２０１４年の映画版（監督：吉田大八）では主人公を宮沢りえさんが演じています。

銀行員の梨花（宮沢りえ）は、ずっと真面目に平凡に生きてきたんですが、40歳を過ぎて銀行の預金を横領して、若い男に莫大な額を貢いじゃうんです。その男（池松壮亮）がまた、口先ではいろんなことを言うんですけど本当に中身がなくて、マモルと同じくらい、紙みたいにペラペラ。

「紙の月」というタイトルは「It's Only a Paper Moon」という古い歌からきています。「それはただの紙の月だけど、あなたが私を信じてくれれば、偽物じゃなくなるかも」という歌詞です。

『愛がなんだ』と『紙の月』も、紙みたいにペラペラの、しかも

『紙の月』（2014年）

自分を愛してくれない男たちに、それがわかっていながら貢ぎ続ける女たちの物語なんです。

逆転

『紙の月』の横領はついにバレます。先輩の銀行員より子（小林聡美）が突き止めて梨花を問い詰めます。

「なんでこんなことをしたの？」

より子は独身で、銀行員として一生懸命に働いてきて、老後、静かに生きられるだけのお金を貯めてきた堅実な女性です。

問い詰められた梨花は「楽しかった」と微笑むんです。彼女は逆に、より子に「あなた今まで生きてきて楽しかったことあるの？」と無言で問い返してるんです。

問われたより子は、ずっと真面目に働いてお金を貯めてきたけれど「お金も時間も何もかもあって、何をしてもいいと許されて、何をしてみたいのか考えたら……何も思いつかなかった」と言うんです。

実際にはより子が梨花を問い詰めていたのに、立場が逆転するんですね。梨花はある意味で、より子に勝利するわけですよ。「私は楽しんだわ」って。

これと同じ逆転の瞬間が、同じ吉田大八監督の『桐島、部活やめるってよ』（2012年）にもあります。

桐島、部活やめるってよ

『桐島、部活やめるってよ』は高校が舞台の群像劇です。人気者の宏樹（東出昌大）は背も高くて顔も良くて、スポーツ万能。勉強もできて、女の子にモテてて……何もかも持っていて何もかもできるんだけど、やりたいことがなくて、これからどう生きたらいいかわからなくなっている。

それに対して『映画秘宝』読者の前田くん（神木隆之介）がいる。彼はみんなにバカにされたり、先生に邪魔されたり、片想いの女の子に失恋したり、それでもめげずに、一生懸命ゾンビ映画を撮り続けています。実に楽しそうに。

だから宏樹は前田くんに尋ねるんです。

「君はなぜ映画なんか撮ってるの？　有名になりたいの？　お金持ちになりたいの？　女の子にモテたいの？」

前田くんは、理由なんか考えたこともなかった、という顔で答えます。

『桐島、部活やめるってよ』（2012年）

「うーん。映画が好きだから。映画を撮ってると、自分が好きなものとつながれる感じがするからかな」

彼は何も見返りは求めていないんです。

それを聞いて宏樹が泣き顔になります。そんなに好きなものがあるなんて、うらやましい、と。

「好きだからやる」が一番強い

『パンとバスと2度目のハツコイ』にも似たシーンがあります。

「絵を描く」ことの意味がわからなくなってしまったふみが、一生懸命絵を描いている妹に「あなたはなんで絵を描いているの？」って聞くんです。

「わかんない。そんなに楽しいと思ったこともないけど……描いちゃうんだよね」

この答えを聞いたふみは、すごく悲しいような、不思議な顔で「いやー、それが一番強いよね」って言うんです。

ふみにはそれほど夢中になれるものがなかったから、それが不安で、たもつを好きになると決めました。しかもそれが片思いだということがわかると「私はこれを支えに何とか生きていける」と安心したように見えるんですよ。

「好き」がなかったふみやテルコは、海原にポツンと浮かんで、どこにも行き先がない状態でした。だから「あれは紙の月かもしれないけど、とりあえずあれを目指そう」と決めたことで、前に進むことができるようになったのです。2人とも心の内側から自然にたもつやマモルを好きになったのではなく、自覚的に自分の意思で「好きになる」と決めたんです。生きていくために。

蕩尽

でも、見返りのない愛を捧げ続けるなんてムダじゃないか、とも思いますよね。でも、テルコもふみも、ムダのなかにこそ価値を見出してるんです。

『紙の月』の梨花はペラペラ男のために何億円もムダ使いします。顧客を騙してね。自分のお金じゃないですが、使えば使うほどバレる可能性が高まって、罪も重くなるから、自分自身の命を削っているようなものです。でも、梨花はあのムダ使いこそに快楽を感じたんです。

ムダ使いを「蕩尽（とうじん）」と言いますが、ジョルジュ・バタイユというフランスの思想家が『呪われた部分』（筑摩書房）という本の中で「富を蕩尽するということは、至高の行為なんだ」と書いています。「至高」を別の言葉で言えば「尊い（とうと）」ですね。ムダ使いは無償の行為だから尊いんです。そして、その快楽こそが人が何かに打ち込んだり、何かを信じたり、何かを愛したりすることの原動力になってるんですね。

自由であること

人間は誰もが、取引の中で生きています。働くのは食うため、勉強するのは将来のため……何かをすれば対価がある、報酬がある、という約束のもとで生きています。これは報酬の奴隷になっていると言ってしまってもいい。しかし、まったく見返りのない蕩尽は、そこから自由になることなんです。

恋愛でも、相手が愛してくれることを期待するなら取引になってしまう。ならば、愛されることを期待しない愛こそが最も純粋で自由で尊い愛だ。少なくともテルコとふみはそう思っているんですね。

恋愛以外のこともそうですね。『パンとバスと2度目のハツコイ』のふみは「何のために描くのか」意味を求めたら、絵が描けなくなった。でも彼女の妹は意味も対価も求めてないからこそ打ち込めるんです。『桐島、部活やめるってよ』の前田くんが映画を撮るのは「有名になって金持ちになってモテたい」とか、そんな目的は何もない。ただ、映画が好きだから撮っている。

それが人にとって一番幸せなんですよ。ただ好きなことをしている時こそ、お金のためや生活のためじゃなくて、自分の自由意志で自分のために生きているからです。

愛がなんだ

この映画、そんな大きな話なの？　と思う人も多いでしょう。恋愛映画じゃなかったの？　って。これはもう恋愛を超えちゃってるんです。なにしろ主人公自身がそう言いますから。

「愛がなんなんだって言うんだよ！」

テルコがナカハラくんに言います。

「愛とか恋とか、なんなんだよ！　そんなことじゃねえんだよ！」

テルコがマモルを好きなのは、もう愛じゃなくて、「生きる」っていうことなんです。今まで何かを好きだったりしたことがなくて、生きる理由を掴めなかった。それをやっと掴めたんだから、それでいいじゃないか。好きになった相手はたしかにペラペラだけど、今、私は、それで生きてるんだよ、って。

監督はそれをセリフで言わせる代わりに、テルコがごはんをパクパク食べるシーンを撮っています。恋煩いで食欲がない状態とは逆です。テルコはマモルを追うという生きがいのおかげで、食欲も旺盛なんですね。

ナカハラくんの生きがい

怒鳴られながら葉子をあきらめたナカハラくんは、代わりに写真を撮ることに打ち込んでいきます。『パンとバスと2度目のハツコイ』でも「絵を描くこと」と「人を愛すること」が同列にされていました。今泉監督いわく、それらは「強い想い」において同じなんです。

そしてナカハラくんは写真展を開きます。そこに葉子さんが現れます。そのシーンについて、今泉監督は今も逡巡があるそうです。というのもナカハラくんはせっかく葉子をあきらめて写真に「生きる理由」を見出しかけていたのに、また葉子に引きずり戻されるの？　という風にも見えるから、と。葉子とナカハラくんが再会したところでカットして、その先に何があるのか観客の想像に任されていますけどね。

テルコ象を撫でる

『愛がなんだ』は、テルコが動物園で象の世話をしている姿で終わります。どうしてそうなったのか、何の説明もありません。これは原作にありません。今泉監督は観客に解釈を任せています。ただ、監督は「群盲象を撫でる（群盲象を評す）」という言葉から、このエンディングが頭に浮かんだそうです。「マモルが成田凌なのは、テルコからはそう見えてるから」と言いましたが、象を撫でるのも、テルコが今も幻想に囚われて現実が見えないイメージなのかもしれません。また、動物園の飼育係はそう簡単に就ける職業ではないので、これは現実ではなく、テルコの脳内イメージにすぎないかもしれない、とも監督は言っていました。

中盤で、マモルはテルコに会社を休ませて動物園に行って、象を見ながら「俺、会社辞めて象の飼育係になろうかな」と言います。これはペラペラのマモルが何も考えずに言った言葉で、たぶん本人は言ったことも忘れちゃってると思います。でもテルコはその言葉を聞いて、象の飼育係をするマモルを手伝う自分を想像して、涙をこぼすんです。

「私のマモちゃんへのこの執着は何なんだろう」テルコは自分に問いかけます。
「私はもう、マモちゃんになりたいのかもしれない」
テルコはマモルを好きになる経験を通して、マモルがなる気もない動物の飼育係を目指すことに、この迷宮からの出口を見出したのかもしれません。

監督の言う通り、解釈はそれぞれに自由です。ただ、自分なりに解釈しようとしてください。

その解釈に、それぞれの人が求めているものが鏡のように反映されて、自分自身を知ることになるからです。

セックス依存症の男にとって「恥（シェイム）」とは何か？

『SHAME -シェイム-』

2011年／イギリス
監督 スティーヴ・マックイーン
出演 マイケル・ファスベンダー、キャリー・マリガン、ジェームズ・バッジ・デール、ニコール・ベハーリー

セックス依存症の主人公

主人公のブランドン（マイケル・ファスベンダー）は、ニューヨークの高級アパートに住むサラリーマン。イケメンでリッチだけど、セックス中毒なんです。そんなブランドンのセックス

漬けの独り暮らしに、妹シシー（キャリー・マリガン）が転がり込んできて……。
『シェイム』は、主人公たちの背景を何も説明していないので、観終わった後も謎が残る映画です。それについて説明します。

タイトルの『シェイム』は「恥」という意味ですね。監督はスティーヴ・マックイーン。伝説的アクションスター、スティーヴ・マックイーン（1980年没）と同姓同名ですが、監督の方は1969年生まれでイギリス出身のアフリカ系です。この作品の後、アメリカの黒人奴隷を描いた『それでも夜は明ける』（2013年）でアカデミー作品賞を取りました。

視姦電車

朝、ブランドンは地下鉄に乗って通勤します。彼は、向かい側の席にいるかわいい女性をじっと見つめます。ものすごく色っぽい眼差しで。すると女性の方がモジモジし始めます。「う、うーん……」みたいな感じで、目がうるんでくる。つまりブランドンは、彼女を視姦したんです。山上たつひこ先生のマンガ『半田溶助女狩り』（1975年）にそっくりのシーンがありましたね！

『それでも夜は明ける』
（2013年）

もちろん、その女性は「失礼ね！」という顔で席を立ちます。マイケル・ファスベンダーは『X-MEN』シリーズで超能力者マグニートーを演じていますが、このシーンも超能力みたいですね。

『X-MEN：アポカリプス』（2016年）

ファスベンダーにはクラブがいらない

映画はここで、出勤前、ブランドンが朝起きたところに戻ります。寝起きの彼は全裸で部屋の中を歩くんですね。このマイケル・ファスベンダーのちんちんのデカいこと。アメリカでは無修正なので劇場がざわつきました。ジョージ・クルーニーは、ゴールデングローブ賞の授賞式で「マイケル。君はゴルフをする時、クラブがいらないね」と言ったくらいです。

ブランドンが留守電のスイッチを押すと、切なげな女性の声が入っています。

「ねえ、電話取ってよ。なんで出てくれないの？」

おそらく彼女はブランドンに、いわゆる「やり逃げ」された被害者ですね。

さらに、ブランドンがトイレでおしっこをするのをカメラがずっと撮ります。このシーン、マイケル・ファスベンダーは本当にお水を腹いっぱい飲んで膀胱に水分を溜めて放尿して、もう1テイク撮る時にまたお水を飲んでおしっこして……っていうことを繰り返したらしいです。

朝からセックス、そしてオナニー

留守電から次々と女性たちの怒りのメッセージが再生されます。「ひどいわ。あんた、1回やったらほったらかしなの！」みたいな。

ブランドンはそれを完全に無視して、電話で出張風俗サービスを自宅に呼びます。朝起きたばかりなのにですよ。

やってきたのは褐色の肌の女性。彼女が服を脱ぐと、ブランドンは「あのさ、もうちょっとゆっくり脱いでくれる？」とか細かく注文します。自分の欲望にはこだわりがあるんですね。

彼の部屋にはイヤリングが置いてあります。おそらく彼がやり捨てた女性の忘れ物でしょう。で、出張サービスの女性とセックスした後、ブランドンは朝シャワーを浴びるんですけど、シャワーを浴びながらオナニーしてるんですね。今、セックスしたばかりなのに。凄まじい性欲です。

で、やっと出勤です。これが冒頭の地下鉄シーンですね。ブランドンに視姦された女性が怒って席を立つ時、左手の薬指に指輪が光っています。彼女は人妻だったんですね。ブランドンはその人妻を追いかけますが、見失います。もう性の暴走機関車です。

貴様には吐き気がする！

ブランドンがオフィスに着くと、観客の気持ちを代弁するように「You disgusting!」（貴様には吐き気がする！）という叫び声が聴こえます。

それはブランドンの会社の上司デイヴィッドの叫びでした。実は彼のパソコンがウイルスにやられて怒っているだけでした。

ブランドンが勤めているのはおそらくＩＴ系の企業で、彼らは若くして成功して、リッチになったようです。

出社したブランドンは会社のデスクで、コンピュータをいじって仕事してるんですが、ちょっとトイレに行ってまたオナニーします。この人、タバコ休憩みたいにオナニー休憩するんです。

『ウルフ・オブ・ウォールストリート』（２０１３年）では、主人公レオナルド・ディカプリオにマシュー・マコノヒー扮する株のセールスマンの先輩が「煮詰まったら会社でオナニーしろ！」と教えるシーンがありましたね。どんだけ性欲余ってるんだ……という。

ブランドンは同じオフィスにいる黒人の美女を、頭の中で裸にしたりもします。道を歩いていても、すれ違う女の人の

『ウルフ・オブ・ウォールストリート』（2013年）

お尻ばっかり見ています。

仕事が終わって自宅のアパートに帰ると、彼はさっそくラップトップでポルノサイトを見ます。するとまた女の子から電話。今度は生電話です。「なんで電話取ってくれないの？　私、もう死にそうなのよ！　ガンなのよ！」と言っています。ブランドンはそれも無視して、ポルノを見続けます。

ブランドンは朝から晩まで、セックスのことしか考えていません。

ある日、仕事が終わった後、ブランドンは上司デイヴィッドと飲みに行きます。バーで上司が女性グループに声をかけます。上司はべらべらしゃべりますが、女性たちは全然なびかないのであきらめてタクシーに乗って帰ります。ところがずっと静かにしていたブランドンは、上司がさっき狙っていた美女から逆ナンされるんですね。

2人は、地下鉄か何かのガード下の、暗くて汚いところで立ったままセックスします。こういう即物的なセックスを英語で「クイッキー」（Quickie）と言います。ブランドンはそういうセックスを繰り返しているわけです。

愛がほしい

そんなブランドンの日々が崩れ始めます。

ある晩、アパートに帰ると、大音量でファンキーな音楽がかかっています。ブランドンは強盗かと思って、バットを握って部屋に入っていきます。誰かがバスルームでシャワーを浴びている。そこにいたのは全裸のキャリー・マリガンです。

キャリー・マリガンは『17歳の肖像』(2009年)の女子高生役で知られましたね。それがこの映画ではもう全裸です。

彼女はブランドンの妹シシーです。ロサンジェルスから来て、合鍵で勝手にお兄ちゃんの部屋に入ったんですね。

ブランドンは妹の全裸を見てもまったく驚かずに「勝手に入るんじゃねえよ!」と怒ります。そこかよ! と思いますね。

後ろでかかっていたシックの歌の音量が大きくなっていきます。「I Want Your Love, I Want Your Love」(あなたの愛がほしいの。あなたの愛が……)っていうフレーズがずっとリフレインされます。

それはブランドンがコレクションしている古いビニールのレコードなんですね。

『17歳の肖像』(2009年)

似ていない兄妹

妹のシシーは歌手で、ロサンジェルスで男と別れて、ニューヨークで歌手になりたいと言ってブランドンの部屋に泊まり始めます。

シシーが元恋人に泣きながら電話する声が、ブランドンに聞こえます。

「愛してるの。私、なんでもするから。愛してるの！」

シシーとブランドンは兄妹だけど、性格がまったく違います。ブランドンはものすごく綺麗好きで、彼の部屋は生活感がないんです。服装もいつもキチッとしています。シシーの方は真逆で、まず髪の毛は染めた下から黒い地毛が伸びちゃってます。服も古着をごちゃごちゃに着ていて、だらしない感じです。

顔もかなり違います。ファスベンダーは四角っぽい、直線的な顔。キャリー・マリガンは丸っこい子どもみたいな顔。兄妹に見えないんですね。

New York, New York

シシーに「私、歌ってるから観に来て」と言われて、ブランドンは上司と一緒に高級レストランに行きます。そこでシシーは名曲「New York, New York」（1977年）を歌います。キャリー・マリガンはすごくスローに切々と情感を込めて歌います。歌詞はニューヨークに引っ越してきた彼女の気持ちを表現しています。

「私はニューヨークの一部になりたいの」

「ニューヨークでできるなら、どこでだってできるわ。でも、それはあなた次第よ」

これはブランドンに対して言っているんですね。

カメラは歌う彼女の顔をクロースアップでじっと撮り続けます。これはブランドンの視線です。

歌を聴くブランドンの目にだんだん涙が溜まって、ポロッとこぼれます。これはシナリオにはなくて、ファスベンダーが本番で思わず涙をこぼしたそうです。それを受けて監督はその後のシナリオを少し変更したそうです。

歌が終わった後、ブランドンの上司がシシーを口説こうとして彼女の腕を掴むと、手首にいっぱい傷があるのが見えます。シシーはリストカッターなんです。

ジョギングシーンの意味

ブランドンたちが一緒に帰りのタクシーに乗ると、上司がシシーにものすごいディープキスをかまします。さっき会ったばかりなのに。ブランドンはそれを見て「ふざけんじゃねえよ」って憮然とした顔ですが、相手は上司だから何も言えない。

アパートに着くと、上司とシシーはブランドンのベッドでセックスを始めます。上司が「君のあそこにキスさせてくれないか、ベイビー」みたいなことを言ってるのが丸聞こえで、ブランドンは耐えられずに部屋を飛び出します。

カメラは、夜明け前のニューヨークの街をずっと走っていくブランドンを延々と撮影します。スティーヴ・マックイーンという監督は「延々と撮る」のが特徴ですね。彼の作品『それでも夜は明ける』でいちばん強烈だったのが、主人公（キウェテル・イジョフォー）が白人にリンチされて縛り首になるシーンです。主人公がつま先だけで立っている状態で首を吊られて、ちょっとでもつま先の力を緩めると、首が絞まる。それを固定カメラで延々と撮り続ける。見ているだけで窒息しそうになります。

ブランドンがただ走ってるだけで、何も起こりませんが、この様子を観ているうちに観客は彼の気持ちを想像せざるを得なくなっていきます。プロットは前に進まない代わりに、キャラクターに深く入っていくわけです。こういうシーンも映画には必要なんですね。

ブランドンが家に帰って寝ようとすると、さっき上司とエッチしていた妹が「お兄ちゃん、お兄ちゃん」ってベッドに入ってきます。ブランドンは「やめろ、出てけ！」ってメチャクチャ怒るんですけど。

この兄妹は何かおかしいですね。

童貞と同様

次の日にブランドンが出社すると、上司が自分の娘とSkypeで会話しています。上司にはちゃんと家族がいるのに、シシーに手を出したんですね。

で、ブランドンが怒っているところに上司が来て、「ブランドン、君のパソコンは汚いね」と言います。会社のパソコンがウイルスにやられてメンテナンスを頼んだら、ブランドンが勤務中にエロサイトを見ていたことがバレたんです。「クリームパイ（中出し）が好きなのか？」と責められます。

ブランドンはハドソン川の川辺で、水の流れをじっと見つめます。「このままじゃいけない」と思ったのでしょう。ブランドンは、まともな恋愛をしようとします。

想像の中で裸にしていた同僚マリアンヌ（ニコール・ベハーリー）をデートに誘い、ちょっといいレストランで食事します。ところがウェイターに「ワインは何にしますか？」と聞かれても答えられない。ブランドンはピノ・ノワールも知らないんです。

次に「ラム肉の焼き方は？」と聞かれてブランドンは「ミディアムで」と答えます。ところが「いや、ラムはミディアムよりも中がちょっと生ぐらいの方が美味しいですよ」と言われて「ああ、そうなんだ。じゃあそれでいいや」と言います。だったらウェイターも聞くなよ！とも思いますけど。

つまりブランドンは40歳前後でリッチなニューヨーカーなのに、まともにデートをしたことがないんです。いつも女性とろくに会話もしないでクイッキーだったから。

さらにワインが運ばれてきて、ウェイターがブランドンのグラスにワインをちょっとだけ注ぎます。すると彼は「なんでもっと入れてくれないの？」って言っちゃうんです。彼はホスト・テイスティングを知らないんですよ。

このシーンは抜群にうまいですね。百万回セックスしても、ちゃんと女性と付き合ったことがない彼は「デートの仕方や恋愛のことを何もわかっていない」という意味で童貞と同様なんですね。

結婚も恋愛も理解できない

レストランでマリアンヌが「最近、離婚した。うまくいかなかったのよ」と言うと、ブランドンは「僕は結婚って何のためにするのか、全然わかんないんだ」と言います。マリアンヌは当然「えーっ、じゃあなんで私をデートに誘ったのよ?」と驚きます。

「ブランドン、あなた、今までで一番長く続いた関係は?」

「うーん、4カ月かな?」

ここまでの彼を見ていると「4カ月もよく続いたな」と思いますけど。

「僕はアイルランド生まれで、10代の時にアメリカに来たんだ」

ブランドンは言います。妹と一緒に来たんでしょう。

レストランからの帰り道、ブランドンとマリアンヌはふざけ合って、すごくいいムードです。ブランドンは女の人と楽しく話したことは初めてみたいで、すごくうれしそうです。

「ブランドン、もし、昔に戻れたら何になりたい?」

「僕は60年代のミュージシャンになりたいな」

彼は古いレコードを集めてますからね。

「私は今の自分のままでいいわ」マリアンヌは言います。つまり、マリアンヌは今の自分を受け入れているけど、ブランドンは今の自分自身が嫌いなんですね。

2人は地下鉄の駅で別れます。次のデートの約束だけして。彼は本気で真面目な恋愛をするつもりなんです。行きずりのセックスばかりだったブランドンが、彼女に触りもしないで我慢したんですよ。

でも、家に着いたらすぐオナニーします（笑）。それをシシーに見られて笑われます。

「アハハハハハハハハッ！　オナニーしてたんだ！　40近いのに！」

シシーはブランドンの留守中に勝手にパソコンに触って、ブランドンがやっているビデオチャットにアクセスしちゃいます。

「あなた、誰？　ブランドンは私を贔屓にしてくれてるお得意様よ！」

このへんのギャグのギリギリ感は絶妙ですね。

幻滅したシシーに出ていかれたブランドンはさすがに「俺はもうエロはやめる！」と決意して部屋中のエロ本やＤＶＤをゴミ袋に詰めます。それがもう何袋もあるんですけど。最後にパソコン自体も捨てます。

コミットできない男

翌日、ブランドンは会社に行っていきなりマリアンヌをオフィスから連れ出して、ホテルに入ります。ハドソン川の近くに立つザ・スタンダードホテルです。

マンハッタンのハドソン川沿いは昔は食肉加工場や倉庫しかない場所でしたが、２０１１年頃からものすごい再開発が行われて、高級なコンドミニアムとかホテルが次々と建っておしゃれなエリアになりました。そこにできたスタンダードホテルは近所から室内が丸見えなので、わざと窓際でエッチするのが流行ったんですよ。リッチな人たちの間でね。

さあ、オレはこれからまともな恋愛をするぞ！　マリアンヌと恋人同士のセックスをするぞ！　とブランドは気合を入れるためにコカインを吸います。つまり緊張してるんですね。おしゃれなレストランで注文する時みたいに。

ところが……勃たないんです。四六時中勃起していた男が。

マリアンヌは「大丈夫よ」って慰めますが、ブランドンは頭を抱えています。彼女は「そっとしておいてあげよう」って感じで先に帰ります。

するとブランドンは、その部屋にコールガールを呼びます。40歳ぐらいの白人女性が来るんですけど、さっきは勃たなかったのに……。ブランドンは、恋愛感情のない、その場限りの関係でないとセックスできないんです。

ブランドンは、ホテルの窓ガラスに彼女を押し付けて外から丸見えのセックスします。

このスタンダード・ホテルでは、『シェイム』が公開された後の2013年、中国から来たお金持ちのカップルが映画と同じように窓に体を押し付けてセックスしていたら、窓ガラスが外れて、そのまま落下して亡くなるという事故がありました。

自傷と逃避のためのセックス

ブランドンは部屋に帰ると、1930年代頃のモノクロのアニメを観ているんですね。画面はよく見えないんですけど。フライシャー兄弟のアニメか何か、とにかく子ども向けのアニメを呆けたように観ているんです。これはわかりやすい「退行」や「逃避」の表現ですね。彼にとってエロやセックスもまた「逃避」だったんです。だって、行き詰まった時や困った時に、それを忘れるためにオナニーしたりセックスしたりしているわけだから。

そこに帰ってきた妹にブランドンは「お前のせいだ!」と怒鳴ります。何のことやらさっぱりわからない妹に「俺は今から出かけるから、帰ってくるまでに荷物をまとめて、この部屋から出ていけ!」と言って、出かけていきます。

その後、彼が地下鉄に乗っているシーンにジャンプします。フード付きのスウェットにダウンジャケットを着て、顔じゅう傷だらけ血だらけでボロボロです。いったい何があったんでしょう。

ブランドンは部屋を出てからまず場末のバーに行って、女性をナンパしました。ナンパというか、「君のアソコに舌を入れてやるぜ」とか下品なことを言います。ところが彼女はゴツい彼氏を連れていました。ブランドンはそれでもビビらずに「俺はあんたの彼女のお尻の穴にも入れちゃうぜ」「彼女の口に俺の金玉を入れたいんだ」とか言い続けて、彼にボコボコにされます。わざと。

妹はリストカッターですが、ここで兄も自傷行為に走るんです。

ブランドンはボコボコの顔でナイトクラブに行きます。汚い格好をしているから、入口で警備員(バウンサー)に「その格好じゃドレスコードに引っかかるから、今日はお帰りください」と門前払いされます。バウンサーはブランドンの顔見知りみたいですね。常連なんでしょう。しょうがないからブランドンは向かいのゲイクラブに入ります。中はハッテン場です。ブランドンはそこで男性としちゃいます。もう何でもいいんですね。

最後はコールガールの部屋で3Pです。ブランドンの顔は苦悶で凄まじく歪みます。必死に現実から、自分から、妹から逃げようとしても逃れられない！　今までもずっとそうだったんです。彼にとってセックスは、恋愛どころか性欲とすら関係なかったんです。

依存症のメカニズム

前半で、ブランドンはタバコを吸うようにオナニーすると言いました。タバコを吸ったり酒を飲んだりするのは、ニコチンやアルコールで脳に刺激を与えて気分転換するためです。それは糖分でもいいわけです。彼はそれをセックスやオナニーでやっているわけですが、それが機械的な習慣になっています。つまり依存症なんですね。

ブランドンが地下鉄に乗っていると、電車が止まって「人身事故がありました」とアナウンスがあります。飛び込み自殺でしょう。ブランドンは「ハッ」とします。妹はリストカッターでした。

地下鉄の車内広告が目に入ります。「Improving, non-stop.」と書いてあります。「改善する。ノンストップ」、おそらく「止むことなき前進」という意味の銀行か何かの広告でしょう。でも、ブランドンの頭のところにその広告があるので、彼の考えを示す吹き出しみたいにも見えます。「どうにかしなきゃ、終わりはない」みたいな意味にも読めます。サブリミナル的な演出ですね。

兄妹の過去

ブランドンが慌てて部屋に帰ると、案の定、妹はバスルームで手首を切って、血みどろになっていました。彼女を抱きしめてブランドンは「……ごめん!」と謝ります。

シシーは「New York, New York」の歌詞に託して「私が立ち直れるかどうかは、あなた次第なのよ」って言ったのに、ブランドンは逃げてしまったからです。

この兄妹の過去に何があったのか? 監督が何も語っていないので、映画ファンの間で様々に推測されています。それらを総合すると、共通するのは「2人は10代の頃、アメリカに渡ってくる前に、親に虐待されたか、孤児だったのだろう」ということです。

2人は何らかのトラウマを抱え、ブランドンは誰とも精神的に深く関わらないように逃げ続けてきました。でも妹からは逃げ切れなかったのです。ブランドンはセリフではっきりとシシーにこう言います。

「お前は俺にとっての重荷なんだよ。責務なんだよ」

彼はまたハドソン川に行きます。それ以上は先に進めない、堤防の前で立ち尽くして泣き崩れます。

妹という責務

『シェイム』は非常に特殊な兄妹についての映画だから、普通の人にとっては関係ない作品なのかというと、そうでもないと思います。

ブランドンの「シェイム」つまり「恥」とは、「他人との関係が面倒くさい」ということです。彼には恋人どころか友達もいないんですよ。他人と深く関わるということは、自分以外の人に対して責任を負うということです。それからいつまでも逃げ続けてもいつか現実に捕まってしまう。その象徴が妹なんです。

妹を逃げられない責務の象徴として描くという手法は、日本映画に多かったですね。たとえば、大島渚監督の『夏の妹』（1972年）では、日本にとっての沖縄が「夏の妹」として描かれます。日本は沖縄を戦争の犠牲にし、今も踏みにじり続けています。ずっと日本が背負い続ける罪と責務なのだと。野坂昭如（のさかあきゆき）の小説『火垂るの墓』（1972年）での妹も、日本が戦争で失ったイノセンスであり、戦後の発展の中でずっと背負い続ける罪悪感の象徴になっています。

『火垂るの墓』（新潮文庫）

また、シシーはブランドンの心の奥底にある何かかもしれません。しがらみを嫌い、逃げ続けても、それには終わりはなく、心の奥底の空洞は深くなるばかりで、その悲鳴がシシーなのかもしれません。

たとえ、ブランドンほどひどくなくても、誰でも人間関係のしがらみから逃げたい、独りで自分の好きなことだけしてたいという願望はあるでしょう。家族や恋人、友人を疎ましく思うことはあるでしょう。

女性との再会

泣き崩れたブランドンは、地下鉄で、冒頭で彼が視姦した女性と再会します。彼女の化粧が変化しているんですね。真っ赤なルージュを引いて、髪の毛もゴージャスです。何があったんでしょうね。今度は彼女の方からすごく色っぽい目でブランドンを見つめて、近づいてきます。ブランドンの戸惑った顔で映画はぶつっと終わります。

彼はどうするでしょうか？　それは観客がそれぞれに決めることですね。だって、多くの映画がそうですが、主人公は観客の代理人ですから。

Mauvais Sang

恋と革命のために燃えつきたいという衝動

『汚れた血』

1986年／フランス
監督 レオス・カラックス
出演 ドニ・ラヴァン、ジュリエット・ビノシュ、ジュリー・デルピー、ミシェル・ピコリ

ネオ・ヌーヴェルヴァーグ

1986年『汚れた血』が公開された時、僕は『宝島』というカルチャー雑誌の編集部にいて、巻頭特集でこの映画を大々的に紹介しました。渋谷のシネマライズに大変な行列ができて、

すごいブームになりました。監督のレオス・カラックスは当時26歳で「ネオ・ヌーヴェルヴァーグの騎手」と呼ばれました。

まずヌーヴェルヴァーグ（ニューウェーブ）というのは、1960年前後にフランスで起こった映画運動です。ジャン＝リュック・ゴダールの『勝手にしやがれ』（1960年）、フランソワ・トリュフォーの『大人は判ってくれない』（1959年）といった映画が代表作で、その特徴は、映画産業の外から来た若い監督たちの作品、セットでなくロケーションで、手持ちカメラで撮った生々しく瑞々しい映像、アドリブを重視した自由な演出、大人社会や価値観への反抗心に満ちた内容などです。

若い監督たちの自由で反抗的な映画はフランスだけでなく世界各地で同時に発生し、日本でも大島渚が「松竹ヌーヴェルヴァーグ」と呼ばれたムーブメントを起こします。

ハリウッドでは遅れて1968年頃から、ヌーヴェルヴァーグの影響を受けた「アメリカン・ニューシネマ」と呼ばれる改革が起こります。この改革で生まれたのは、それまでのハリウッド映画の作り物めいた撮り方に逆らう、生々しく反抗的な映画です。そこからフランシス・フォード・コッポラ、ジョージ・ルーカス、スティーヴン・スピルバーグ、マーティン・スコセッシといった監督たちが飛び出してきました。

しかし、フランスの方では映画産業が凋落の一途をたどり、日本でヒットすることも少なくなりました。そこに登場したのが、レオス・カラックスの『汚れた血』、リュック・ベッソンの『ニキータ』（1990年）、ジャン＝ジャック・ベネックスの『ディーバ』（1981年）です。この3本は世界中でヒットし、彼らは「ネオ・ヌーヴェルヴァーグの三羽烏」と呼ばれました。

デヴィッド・ボウイ

『汚れた血』で有名なのは、主人公のアレックスという少年（ドニ・ラヴァン）が、ラジオから流れるデヴィッド・ボウイの「Modern Love」に合わせて、夜のパリの街を駆け抜けるシーンです。

若い頃に『汚れた血』を観た世代は、このシーンにものすごく影響を受けています。たとえばノア・バームバック（1969年生まれ）の『フランシス・ハ』（2012年）で、ヒロイン（グレタ・ガーウィグ）が「Modern Love」に合わせてニューヨークの街中を駆け抜けるシーンは、『汚れた血』へのオマージュです。

ハレー彗星と伝染病

『汚れた血』はSFです。ハレー彗星の大接近によって地球が高温になっていて、さらにSTBOという名前の病気が流行っていて、人がどんどん死んでいます。

ただ、ハレー彗星の映像はないし、みんなが暑くて苦しんでいる描写もなくて、「ハレー彗星が近づいて暑くなってるね」というセリフがあるだけです。STBOについても、「STBOで今日、○人が亡くなりました」というデータが電光掲示板に出るだけです。

STBOは「愛のないセックスをすると感染する」と説明されます。当時、この設定は問題になりました。1982年頃からエイズで亡くなる人が増えていたからです。『汚れた血』の設定は、エイズにかかる人を批判しているように見えます。実際のところ、レオス・カラックス監督はエイズの話をヒントにしたんですが、これはエイズについての映画ではありません。

アレックスとアンナ

主人公のアレックスを演じるドニ・ラヴァンの顔は、一度見ると忘れられないですよね。鼻の下が長く、眉の部分が隆起している、原始人的な骨格です。

アレックスの父親が殺されます。どうやらギャング絡みの殺人らしい。それでアレックスは亡くなった父親の仲間だったギャングたちと一緒に、STBOの血清を製薬会社から盗み出す計画に加わります。

これだけ聞くとＳＦアクション映画を想像すると思いますが、そうはならない。これはラブストーリーなんです。

父の仲間マルクを演じるミシェル・ピコリは１９２５年生まれで、ヌーヴェルヴァーグの俳優です。『汚れた血』の頃には60歳を過ぎていますが、彼はアンナという20歳くらいの女の子と一緒に暮らしています。１９６４年生まれのジュリエット・ビノシュは、アンナ役で世界的スターになりました。

アレックスはアンナに出会った途端に恋に落ちます。その前に、アレックスはバスの中で彼女を見かけており、運命的なものも感じます。

カフェでの出会いのような映画

でも、アンナはマルクと愛し合っているから、アレックスは悶々とします。悶えて苦しんで、何とか彼女に話しかけて……みたいなやりとりを、なんと1時間ぐらい見せるわけですよ。この映画の中盤はほとんどそれだけなんです。

肝心の血清を強奪する計画も、何をどうするのか全然見せないんですよ。どんな計画なのか、ちっともわからない。その代わり、アレックスがアンナが好きなんだけど相手は振り向いてくれない……みたいな悶々としたやりとりを見せるだけ。

この映画について、カラックス自身はインタビューで次のように語っています。

「『汚れた血』はカフェでの出会いのような映画なんだ。カフェである女の子と会って好きになって、話そうか話すまいか迷った挙げ句、やっと話しかけて、途中でトイレに行って〝席に戻ったら何て言おう？　今度はどうしよう？　彼女は俺のこと、好きかな？　好きになってくれるかな？〟とかいろいろ考えて席に戻る。そういう気持ちを描いたものなんだ」

ボーイ・ミーツ・ガール

男の子が女の子に出会って恋に落ちる、そんな物語をボーイ・ミーツ・ガールと呼びます。『汚れた血』はまさにそれです。

そのものズバリ、『ボーイ・ミーツ・ガール』（1983年）という映画を、カラックスは『汚れた血』の前に撮っています。そちらも主役はドニ・ラヴァン演じるアレックスという少年。アレックスは一緒に住んでいた女の子に振られてしまって落ち込んでいますが、たまたま入ったパーティー会場で、女優志望

『ボーイ・ミーツ・ガール』（1983年）

の年上の美女（ミレーユ・ペリエ）に会います。2人はキッチンで話してるうちに、アレックスは「会ったばかりなんだけど、あなたのことが好きです」と言います。

この映画はそれがクライマックスなんです。「そんなんで映画になるの？」って思いますよね。

でも、レオス・カラックスは「映画の歴史というのは、恋する2人の歴史なんだ」と言っています。「恋愛というのは映画にとってものすごく大事なことなんだ」と。

女の子に話しかけるには

そもそもカラックス自身が映画を撮り始めたのは「好きな女の子に声をかけるためだった」と告白しています。

昔はスマホもビデオカメラもなかったし、8ミリカメラも高くて、フィルムや現像、編集にお金がかかるから、持っている若者は少なかったんです。だから「映画を撮ってるんだけど、出てくれない？」と言えば、普段だったら振り向いてくれない女の子も話に乗ってくれる。映画の撮影を口実に一緒に過ごすことができるという、恋に恋するモテない少年の武器として映画があった時代なんですよ。

ちなみに『ボーイ・ミーツ・ガール』のパーティーのシーンで、映画監督らしいおじいさんが話をしていて、「映画が会話シーンで動きがなくなったら、どうすればいいか？　ドリーでカメラを動かせばいいんだよ」と言っています。ドリーというのは、レールなどでカメラを動かして撮影することです。

『汚れた血』で、会話で硬直したシーンを打ち破るようにアレックスが走り出す姿を移動撮影するのは、まさにそれなんです。

勝手にしやがれ

『ボーイ・ミーツ・ガール』のパーティーで映画監督らしい人が映画理論を話すのは、ジャン＝リュック・ゴダール監督の『気狂いピエロ』（1965年）のパーティーでアメリカの映画監督サミュエル・フラーが「映画とは何か？」という話をするシーンの引用です。

ヌーヴェルヴァーグの代表作である、ゴダール監督の『勝手にしやがれ』（1960年）も、ボーイ・ミーツ・ガールな映画でした。

『気狂いピエロ』（1965年）

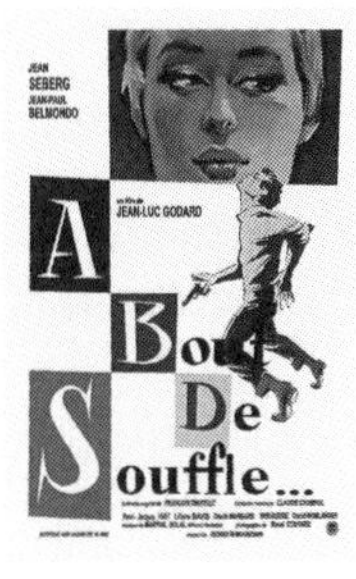

『勝手にしやがれ』（1960年）

理由もなく警官を殺害してパリに出てきたチンピラ（ジャン＝ポール・ベルモンド）が主人公ですが、そのこと自体は話の中心ではなく、彼がアメリカ人の女の子（ジーン・セバーグ）を好きになって、「ねえ、やらせてよ、やらせてよ」って延々と口説いているだけのシーンがほとんどなんです。ヌーヴェルヴァーグというと難しそうですけど、実はモテない映画少年の「やらせてよ」映画だったんですね。……それはゴダールだけかもしれませんが。

「ゴダールは神だ」とカラックスは言っています。彼はゴダールの弟子みたいなところがあって、俳優として『ゴダールのリア王』（１９８７年）にも出演しています。『汚れた血』でアンナを演じているジュリエット・ビノシュも『ゴダールのマリア』（１９８５年）から注目された女優です。

ゴダールはフランスの映画雑誌『カイエ・デュ・シネマ』の批評家から映画作家になりました。レオス・カラックスも『カイエ・デュ・シネマ』で批評を書いていました。彼はシルヴェスター・スタローンが初めて監督した映画『パラダイス・アレイ』（１９７８年）を絶賛しているんですよ。

『パラダイス・アレイ』
(1978年)

自伝的な映画作り

ゴダールの初期の作品は、ゴダール自身の恋愛生活を題材にしたものが多かったんです。レオス・カラックスはゴダールのエッセイ／自伝的な映画作りに大きな影響を受けています。ゴダールは『勝手にしやがれ』撮影時に会ったアンナ・カリーナという女優と結婚して、彼女主演で映画を何本も撮るんですけど、ゴダールは面倒くさい男だったから、そのうちにアンナ・カリーナに離婚されます。その心の痛みを、アンナ・カリーナ本人を使って映画にしていったんです。

たとえばゴダールの『アルファヴィル』（1965年）はSFアクション映画で、コンピュータに支配された街アルファヴィルに潜入する秘密諜報員レミー・コーション（エディ・コンスタンティーヌ）が主人公です。

彼はナターシャ（アンナ・カリーナ）に恋しますが、彼女はコンピュータに洗脳されて感情を失い、愛を知らない人間です。そのナターシャにレミーは「俺を愛していると言ってくれ。俺を愛していると言ってくれ！」と繰り返します。で、最後にナターシャがやっと「あなたを・愛・してる」と言って映画は終わります。これをなんと、アンナ・カリーナに離婚された1カ月後に撮影してるんです。自分を愛して

『アルファヴィル』
（1965年）

くれなかった妻に監督として無理やり「あなたを愛してる」と言わせてるんですよ。

その次にゴダールが撮った『気狂いピエロ』は、やっぱりアンナ・カリーナが出演していて、ジャン＝ポール・ベルモンドが演じる主人公は本ばかり読んで「僕はすごい物語を作りたいんだ」って言っている、ゴダールそのものみたいな男なんです。

『気狂いピエロ』の原作は、ライオネル・ホワイトというアメリカの作家が書いたノワール小説で、中年男が若い女の子に騙されて犯罪に手を染める話なんですが、映画では犯罪の方はどうでもよくなっちゃって、自分を翻弄して他の男のもとに去っていくアンナ・カリーナを、最後に主人公が撃ち殺して自殺する……なんというか、自分を捨てた妻への殺意を、妻本人を使って映像化したとんでもない映画になってます。

アレックス ゴダールと並ぶヌーヴェルヴァーグの旗手、フランソワ・トリュフォーも自分の恋愛経験を作品にしていた映画作家です。

1959年に公開された彼の最初の長編映画『大人は判ってくれない』はトリュフォーが12歳の頃、鑑別所に送られた体験を元にしています。そこで彼を投影した少年アントワーヌを演じたジャン＝ピエール・レオという子役を使って、彼の成長に合わせて、トリュフォー自身の人生を次々に映画にしていきました。

このトリュフォー方式に影響を受けたレオス・カラックスは自分よりひとつ年下のドニ・ラヴァンを自分の分身アレックス役に起用しているんです。レオス・カラックスの本名は「アレックス（アレクサンドル）・オスカル・デュポン」というんですよ。

『大人は判ってくれない』
（1959年）

カラックスは『ボーイ・ミーツ・ガール』でアレックスが恋するヒロインを演じたミレーユ・ペリエと恋に落ち、『汚れた血』を撮る時に、アレックスが恋に落ちるジュリエット・ビノシュと恋に落ちました。そのへんの公私混同はゴダール的ですね。

『ボーイ・ミーツ・ガール』のアレックスは、こう自己紹介します。

「僕は映画監督になって、映画を作りたいんだ。僕は生きている間、まるで自分の自伝を書いてるような気分なんだ」

アレックスはトリュフォーのように自分の人生を映画にしたい、ゴダールのように自分の恋愛をそのまま映画で見せたいんですね。非常に私小説的な映画監督です。

革命が終わった後で

カラックスのヌーヴェルヴァーグへの憧れは、僕はすごく共感できるんです。僕は彼より2歳年下ですが、「自分が赤ん坊の頃、すごい革命があったらしい。自分は遅れて生まれてしまった」という気持ちをずっと抱いて生きてきたんです。

ヌーヴェルバーグからアメリカン・ニューシネマの間、つまり60年代は映画だけでなく世界的な若者文化革命、いわゆるカウンター・カルチャーの時代でした。ビートルズが出てきて、学生運動、ヒッピー、セックス、ドラッグ、ロックンロールが、古い価値観や常識を片っ端から破壊して爆走する時代でした。

幼い僕らは、その熱狂を見ながら育ちました。で、若者になってその祭りに参加する前に革命は終わってしまったんです。

「あの頃はみんな闘っていたのに、いつの間にかみんな、闘いをやめてしまった」

カラックスはそんな風にインタビューで語っています。

ヌーヴェルヴァーグへの憧憬

『汚れた血』はヌーヴェルヴァーグと60年代への憧れに満ちています。たとえばマルクを演じるミシェル・ピコリ。彼はゴダールの『軽蔑』（1963年）など、多くのヌーヴェルヴァーグ映画に出演していました。アンナが彼に夢中でアレックスを振り向いてくれない、というのは、カラックスのヌーヴェルヴァーグに対するコンプレックスの表れですね。「あんたらの世代はさんざん好きなことをやりやがって！　なんで俺はそれに間に合わなかったんだ？」というジェラシーです。

さらに、田舎の飛行場で働くおっさんが仲間に加わります。彼はすごいへちゃむくれの、真ん中が潰れたみたいな、やっぱり一度見たら忘れられない顔をしているんですが、この人はセルジュ・レジアニという歌手なんです。『汚れた血』の中で夜中にラジオをつけると流れてくるのが、セルジュ・レジアニの「後悔しない」（J'ai pas d'regrets）という歌なんですよ。

彼が飛行場で働いてるのは、『冒険者たち』（１９６７年）でパイロットを演じているからです。『冒険者たち』はヌーヴェルバーグじゃないんですが、やはり60年代の、そりゃもう最高の冒険アクションで、ラブロマンスで、友情ものです。

『冒険者たち』(1967年)

ライムライト

アレックスは「おしゃべり」というあだ名なんですが、ほとんどしゃべりません。アンナに対して以外は。『ボーイ・ミーツ・ガール』でもアレックスは無口なのに、好きになった女の子にだけ、突然、自分のことばかりしゃべり始めるんです。

これはレオス・カラックス自身が青春時代に精神的に病んで、まったくしゃべれなくなった時期があったからだそうです。その時に彼を救ったのは古いサイレント映画だったそうです。『汚れた血』は、サイレント映画を元にしていて、サイレント映画は大抵が白黒なので、セットや背景がほとんど黒にしてあって、まるで白黒映画のように撮っているんですね。ところが、その中でアンナが包まるシーツとか、赤いものだけが鮮やかに輝いているんです。赤はつまり血の色なんですね。

そしてカラックスが特に好きなサイレント映画はチャップリンの作品です。チャップリンはパントマイムの名手でしたが、ドニ・ラヴァンももともとマルセル・マルソーというパントマイムの世界的な巨匠に憧れて、路上でパントマイムをやっていた大道芸人なんですよ。

『汚れた血』にもチャップリンの引用があります。アンナを好きになって胸の高まりが止まらないアレックスが道を歩いていると、向こうから赤ちゃんがよちよちと歩いてきます。ちなみに赤ちゃんのお母さんを演じているのは『ボーイ・ミーツ・ガール』でヒロインを演じたミレーユ・ペリエです。

そこでなぜか、チャップリン自身が作曲した『ライムライト』(1952年)の有名な主題曲がかかって、アレックスはなぜか赤ちゃんと一緒によちよち歩きするんです。

これって何？

『ライムライト』は踊れなくなって自殺をはかったバレリーナ（クレア・ブルーム）が、主人公（チャップリン）の励ましで再び立ち上がる話です。で、『ボーイ・ミーツ・ガール』でアレックスは「僕は生まれ変わりたいんだけど、人間はもう一度生まれることはできるんだろうか？」と言います。つまり、アンナを好きになることによって、アレックスはまるで赤ん坊として生まれ変わった気分だ、という意味らしいんです。わけわかんないです。

実際、これを撮っている時、カラックスはジュリエット・ビノシュに恋して有頂天になってますから、恋する人にあまり論理を求めてもしょうがないですね。

『ライムライト』（1952年）

スタローンとチャップリンとゴダール

レオス・カラックスは『カイエ・デュ・シネマ』に書いた『パラダイス・アレイ』論でも「シルヴェスター・スタローンが映画監督として正統なのは、チャップリンに影響を受けているからだ。この映画には『ライムライト』の影響もある」と書いています。

『パラダイス・アレイ』という映画は、「ヘルズ・キッチン」というニューヨークのスラム街で孤児の3人兄弟が賭けレスリングで儲けようとする話です。

スタローンは『ロッキー』(1976年)のシナリオを書く時もチャップリンの『街の灯』(1931年)を参考にしたと言ってます。孤独な女性エイドリアンを好きになったロッキーが彼女の心をとかそうと一生懸命おどけたりするのは、チャップリン映画の定型です。で、ゴダールの『勝手にしやがれ』もベルモンドが一生懸命ふざけて好きな女の子を口説く話なわけで、カラックスを通じて、チャップリン、ゴダール、スタローンがつながるという映画ファンにとっての奇跡が起きてるんです。

ロミオとジュリエット

『汚れた血』のアレックスは、好きなアンナがじいさんマルクといちゃいちゃするのを見てジリジリするんですが、そこで流れる音楽がセルゲイ・プロコフィエフの「ロミオとジュリエット」。もう引き裂かれた恋人気分なんです。アレックスはアンナに言います。

「初めて会ったばかりなのに、ものすごく燃え上がる恋で、しかもそれが永遠に続く本当の愛である、なんてことあると思う?」

アンナにひと目惚れして興奮したアレックスは夜道に飛び出していって、上半身裸でシャドーボクシングをします。それでも足りなくて、道に停まっているフォルクスワーゲンをひっくり返して。

Modern Love

アレックスはもう体の奥でエンジンがブンブン回って、クラッチをつないだ途端に後ろのホイールが煙を吹き上げて走り出しそうです。ところがアンナはそれに全然気が付かなくて「静かな夜ね」みたいなことを言うんです。アレックスは「俺の心の奥でうなってるエンジンが聴こえないのかよ!」みたいな感じでラジオをつけると、セルジュ・レジアニの歌に続いてデヴィッド・ボウイの「Modern Love」が流れます。

スティーヴィー・レイ・ヴォーンのギターのカッティングを聴いたアレックスは、居ても立ってもいられなくなって、夜道によたよたとまろびだし、夜道を全力疾走します。

「Modern Love」とは「近代的な恋愛/現代の恋愛/今の流行りの恋愛」という意味です。

流行りの恋愛は俺にまとわりついてくる
流行りの恋愛が俺の脇を歩いている
流行りの恋愛が俺を時間通りに教会に着かせてくれる

流行りの恋愛は俺をパーティーにも行かせてくれる

そんな「流行りの恋愛」をボウイは「信じない」と歌います。

俺は宗教も信じない
俺は懺悔(ざんげ)もしない
俺はモダン・ラブを信じない
信じないでトライし続けるんだ
(著者翻訳)

近代の恋愛を信じないで、いったい何にトライし続けるんでしょう。

Let's Dance

「Modern Love」は、デヴィッド・ボウイが1983年にリリースした『Let's Dance』というアルバムに収録されています。それまでのデヴィッド・ボウイは、非常に哲学的で難解な歌ばかり歌っていたんですが、『Let's Dance』では、ファンクでディスコな踊れるサウンドに挑戦しました。

「頭でゴチャゴチャ考えている暇はない。とにかく踊るんだ！」というフィジカルなテーマは、ボウイが上半身裸でボクシング・グローブをつけているアルバムのアートワークにも表れています。

デヴィッド・ボウイ
『Let's Dance』（1983年）

悪い血

ここで『汚れた血』というタイトルの意味を解説したいんですが、この邦題は誤訳なんです。原題は『Mauvais Sang』。これは「悪い血」という意味です。

これはフランスの詩人アルチュール・ランボーの詩集『地獄の季節』（岩波文庫）に収録されている詩のタイトルで、「血」も「血液」ではなくて「血統」の意味です。だからこれを訳した小林秀雄は「悪胤（あくいん）」としています。「胤」とは「種」「血筋」のことです。

「悪胤」はこんな一文で始まります。

「蒼白い眼と小さな脳味噌と喧嘩の拙さとを、俺は先祖のゴール人たちから承け継いだ。この身なりにしたって、彼ら並みの野蛮さだ」

「ゴール人」は「ガリア人」とも書きますが、いわゆるケルト人です。古代ローマ時代にジュリアス・シーザーが戦った、白い肌に青い目の異民族です。

古代ローマ時代、ケルトはゲルマンと共に東のコーカサスの方から大移動して西ヨーロッパに入ってきました。文明的なローマ人と比べると、ケルトやゲルマンは棍棒を持ってヒゲを生やして、動物の毛皮を着た、いわゆるバイキングのような蛮族だったんです。

当時はギリシアやローマの浅黒い肌に黒い髪、茶色の目の人たちが文明人で、ケルトやゲルマンの白い肌に青い目の人たちは野蛮人でした。

ただ、ローマ帝国の軍人としてガリア人と戦ったジュリアス・シーザーは『ガリア戦記』に「彼らガリア人は非常に勇敢な戦士たちだ」とリスペクトを込めて書いています。

このガリア、つまりケルトとゲルマンの混血が今のフランス人の祖先なんです。だからルーツはイギリス人と同じなんですよ。でも、フランスの彼らはローマの言葉や文化を引き継いだんですね。

「悪い血」でランボーは「野生の血を思い出せ」と呼びかけているわけです。ランボーが「乱暴になれ」と言ってるんです。

ダンス、ダンス、ダンス、ダンス、ダンス

「悪い血」でランボーは「俺は黒人なんだ」とも言います。ランボーにアフリカ系の血が流れていたわけじゃなくて、キリスト教やモダン（近代的）な理性に縛られたフランスよりもアフ

リカの野性に共感を示しているという意味です。そして、内なる衝動を爆発させるようにこう書きます。

「飢え、渇き、叫び、ダンス、ダンス、ダンス、ダンス」

だから『汚れた血』のアレックスが走り出すシーンで『Let's Dance』の「Modern Love」が流れるんです。だからアレックスは原始人のような容貌のドニ・ラヴァンなんです。その悪い血、野生の血は、恋愛によって引き金を引かれるんです。

かわいそうなリーズ

かわいそうなのが、アレックスの元カノのリーズなんですよ。演じているのはジュリー・デルピー。リチャード・リンクレイター監督の『ビフォア』シリーズ（『ビフォア・サンライズ 恋人までの距離』〈1995年〉、『ビフォア・サンセット』〈2004年〉、『ビフォア・ミッドナイト』〈2013年〉）に出ている女優ですけど、この頃はまだ少女ですね。彼女が演じる女の子リーズはこの映画の最初の方でアレックスとセックスしてるんですが、アレックスはもう彼女が好きじゃなくて、捨てちゃうんです。

それでもリーズはアレックスをずっと追いかけ続けます。血清を盗む時もバイクに乗って彼を助けるんですよ。ここがすごくかっこいい。

リーズがいくら命がけでアレックスを追いかけても、アレックスはアンナしか見ていない。でもアンナの方はアレックスが自分のことを好きだってことにまったく気づいていない。とっても悲しい話なんですね。

日々の泡

『汚れた血』のSTBOという奇病は、ボリス・ヴィアンの小説『日々の泡』(1947年)に出てくる奇病がヒントになっていると思います。『日々の泡』は、ある青年がパーティーで会った女の子を好きになる話で、『ボーイ・ミーツ・ガール』によく似ています。ところが彼女は肺の中に睡蓮の花が咲くという奇病を患います。彼女を生かし続けるには、部屋を花で満たさなければならない。青年はその花を買うためにお金を使い果たしていくという奇妙な純愛物語です。

カラックスはボリス・ヴィアンのファンでもありました。『汚れた血』で流れるセルジュ・レジアニの「後悔しない」はボリス・ヴィアン作詞なんですよ。ボリス・ヴィアンはジャズミュージシャン、トランペッター、小説家、作詞家でもあるという才人でしたが、彼は1959年に39歳の若さで亡くなっています。

『ボーイ・ミーツ・ガール』にも、こんなセリフがあります。「モーツァルトは35歳で死んだけど、彼がそれまでに成し遂げたことはどんな人が何百年生きたって成し遂げられないことだ」

「悪い血」を19歳で書いたランボーも、その後、アフリカで商人になり、37歳で亡くなり、伝説になりました。カラックスも若いうちに人生を駆け抜けて伝説になりたかったんです。

「スピードがほしいんだ。重さはいらないんだ。軽くなりたいんだ」

アレックスは繰り返し言います。人生を一気に走り抜けて重力から自由になりたい、そのチャンスを掴めるなら、手段は血清強奪だろうと何だろうと関係ないんです。

なぜなら

やっと血清強奪です。クライマックスのはずなのに、アクションシーンとしてはまるで面白くない。カラックスはアクションに全然興味がないんですね。

その過程でアレックスは銃弾を受けてしまいます。

逃げるアレックスたちがオープンカーで空港に向かいます。マルクとアンナたちは、シャルル・アズナヴールの「なぜなら」(Parce Que)という歌を歌います。シャルル・アズナヴールはトリュフォーの『ピアニストを撃て』(1960年)の主演俳優でもあります。

なぜなら、君の瞳が青いから
なぜなら、君の髪が太陽の炎に逆らうように揺れるから
僕は死ぬのは怖くない
死ぬなんて愛に比べれば遊びのようなものさ
（著者翻訳）

これを聴きながらアレックスは死んでいきます。ただアンナの気を引きたくて強奪に参加したのに。

気狂いピエロ

死の直前に、アレックスの乗った車は道端を歩いている1人の女性を追い越します。それは『汚れた血』の前半で、アレックスがバスの中で見かけた女性なんです！
アレックスはアンナと会った時、「前に見かけたあの子だ！」と運命的なものを感じたんですが、それは勘違いで、アレックスの思い込みだったんですよ。
アレックスは空回りの果てに死んでいきます。そこもゴダール的です。『勝手にしやがれ』のベルモンドは彼女に裏切られて警官に撃たれ、彼女に「君は最低だ」と言い残して死にます。

『気狂いピエロ』のベルモンドは裏切った彼女を殺し、ダイナマイトを顔に巻いて爆死します。

飛び立てないのか

飛行場に着くとアレックスは死にます。最後まで彼のために尽くしたリーズは本当に悲しむんですけど、アレックスの気持ちにまったく気づいてないアンナはリーズに「あなたたちはまたどこかで結ばれるよ」と言ってくれます。

報われないリーズはバイクに乗って去っていきます。するとアンナはなぜか彼女を追って走り出します。彼女はこの映画の中でほとんど動かなかったのに。

それはまるで「スピードがほしいんだ」と言っていたアレックスのようです。そのアンナの頬には撃たれたアレックスの血がついているのが見えます。「悪い血」です。

アンナが走っているのは飛行場の滑走路です。彼女を追うカメラが振動し始めます。アンナがエンジンで振動しているように見えます。彼女は両手を広げます。翼のように。滑走路を走って離陸しようとする飛行機のように。

アレックスの血を継いだアンナが、今まさに飛び立とうとするところでこの映画は終わります。

自転車吐息

若者たちが衝動を爆発させて疾走できた時代、60年代を逃してしまった世代は、その衝動をどうすればいいのか？　何とか飛び立てないのか？　という映画が『汚れた血』なんです。それが当時、世界中の20歳前後の若者たちの気持ちとリンクしてヒットしたんです。

日本にもその気持ちを抱えていた映画作家がいます。園子温（そのしおん）です。カラックスより一歳下の彼が『汚れた血』と同じ頃に撮った『自転車吐息』（1990年）は、園子温自身が演じる行き場のない田舎で悶々とする青年が「どうしたらここから脱出できるのか？」と自転車で海に向かって疾走していって、そのまま彼方に消えてしまいます。

そして、彼の疾走する魂は彼が愛した方子という女の子に引き継がれ、彼女が東京に出ていくところで映画は終わります。

『汚れた血』や『自転車吐息』が作られた80年代後半から90年代前半の日本は、8ミリ自主映画のブームも終わり、バブル経済の金余り時代で、ハリウッド風超大作やテレビ局制作のトレンディ・ドラマの延長的映画、電通主導のコマーシャル的映画ばかりで、若者が個人的な思いを叩きつける映画が作れる状況が沈滞していました。その中から園子温は、カラックスがやったように、何とかして飛び立とうとしていたんです。

青春の果て

90年代に入るとビデオカメラの進化によって、自主映画の製作が簡単になり、世界中から一気に新しい才能が飛び出し、状況は打開されます。

カラックスは『汚れた血』の成功で、フランス映画史上最大級の製作費を得て、パリ郊外に巨大セットを組んで撮影する超大作『ポンヌフの恋人』（1991年）に取りかかります。もちろんアレックス（ドニ・ラヴァン）とジュリエット・ビノシュのラブストーリーです。カラックスとビノシュはフランス最高のパワーカップルでした。

しかし、衝動的に映画を撮ろうとするカラックスと、大量の予算と人員を計画的に動かす大作映画は相性が悪くて、撮影はズルズルと遅れ、公開までに3年もかかってしまいました。その途中で予算が尽きただけでなく、ジュリエット・ビノシュとの関係も破綻し、完成した映画は明確なストーリーがなく（もともとそうですが）、期待されていた興行収入を得られませんでした。

これでカラックスは映画作家として疾走力を失ってしまいました。しかしカラックスによって滑走路を走ることができたジュリエット・ビノシュは、そのまま女優として離陸し、世界的な映画スターになりました。この展開はまるで『汚れた血』

『ポンヌフの恋人』
（1991年）

そのままです。

それから20年、50代になったカラックスは、再びドニ・ラヴァンを使って自分自身の人生を振り返る映画『ホーリー・モーターズ』（2012年）を撮りました。そしてジュリエット・ビノシュに本人役で出てもらおうとしたんですが、断られてしまったんです。

だから今では『汚れた血』を涙なくして観ることができません。そこには、恋のために燃えつきた青春の軌跡が刻まれているんです。

『ホーリー・モーターズ』
（2012年）

Zimna Wojna

猛スピードで描かれる国境も時代も超えた愛

『COLD WAR あの歌、2つの心』

2018年／ポーランド、イギリス、フランス
監督 パヴェウ・パヴリコフスキ
出演 ヨアンナ・クーリク、トマシュ・コット、ボリス・シィツ、アガタ・クレシャ

15年間を88分に圧縮

『COLD WAR』、つまり「冷戦」。舞台は1940年代から80年代にかけて、東側の共産主義勢力（ソ連側）と西側の資本主義勢力（アメリカ側）が世界を2つに分けて睨み合っていた冷

戦時代。本作はその東と西をまたにかけた愛の物語です。

でも、「政治やイデオロギーによって引き裂かれた愛の物語」ではありません。それすらも超えた愛についての話なんです。

というと重そうですが、全然違います。

とにかく息を呑むように美しいモノクロ画面、それにポーランドの民謡から、ジャズ、シャンソン、ロックンロール、そしてラテン、クラシックまでありとあらゆる音楽が楽しめる。ミュージカル・ラブロマンスです。

しかも、物語のスピード感が異様に速い。出来事を順に追っていくのではなく、ドラマチックな瞬間だけをポンポンつないで、その間は省略します。だから本編がわずか88分しかないにもかかわらず、1949年から1964年までの15年間を一気に見せる。息をもつかせぬ面白さですね。

過程はすべてカット

パヴリコフスキ監督はこう言っています。

「この映画は最初は結構長かった。シナリオも何バージョンも書いた。編集も何パターンもあった。何か事件が起こるとして、その過程が面白くなくて説明的なだけなら、全部切った。

とにかく限界まで切り詰めて、完成版はこうなった」

たとえば、ヒロインのズーラ（ヨアンナ・クーリク）とヴィクトル（トマシュ・コット）が初めてセックスする場面。どんな風にお互いに惹かれて、どんなやりとりがあってそこに至ったのか、その過程を全部省略しちゃってるんです。2人は出会った瞬間にひと目惚れの運命のカップルだったんだから、別に過程はどうでもよくね？　みたいに。

この映画ではすべてにおいて、結果だけがいきなり映るので、間に何があったのかは観客が推測するしかない。それがまたこの映画の面白さになっています。

パヴリコフスキの数奇な人生

主人公のズーラとヴィクトルは、パヴリコフスキ監督自身の両親をモデルにしています。

パヴリコフスキは1957年にポーランドで生まれました。両親は離婚して、父親は共産主義国だったポーランドを脱出して亡命者としてフランスに移住しました。英語の先生だった母親も、パヴリコフスキが14歳の時、イギリス人と知り合って結婚をして、息子を連れてイギリスに移住しました。パヴリコフスキはその頃の思い出を『ラストリゾート』（2000年）という映画にしています。

アカデミー外国語映画賞を獲得した『イーダ』（2013年）も、彼のおばあさんをモデルにした映画でした。

『イーダ』は2013年の映画ですが、モノクロで画面サイズはスタンダード（縦3：横4）です。これは舞台となる1962年にポーランドで作られた映画を模倣しているんです。

1962年、アメリカを除く世界中で規制の価値観を打ち破る映画革命が起こっていました。フランスではヌーヴェルヴァーグ、イギリスでは「怒れる若者たち」、それにポーランドでも、イェジー・カヴァレロヴィチ監督の『尼僧ヨアンナ』（1961年）や、ロマン・ポランスキー監督の『水の中のナイフ』（1962年）がタブーに切り込んでいました。そんな映画にオマージュを捧げたのが『イーダ』です。

『ラストリゾート』（2000年）

『イーダ』（2013年）

イーダ

『イーダ』の主人公は、修道院で育った孤児アンナ（アガタ・チュシェブホフスカ）です。『尼僧ヨアンナ』も修道院の話でした。1634年にフランスで実際に起こった「ルーダンの悪魔憑き」事件をポーランドに置き換えた映画です。『イーダ』にも『尼僧ヨアンナ』にも、尼さんが床に身を投げ出して神への献身を誓うシーンがあります。

アンナはこれから修道女になって生涯を神に捧げる誓いをする前に、実は親戚がいると知らされます。それで、自分の本当の名前はイーダで、ユダヤ人だと知ります。第二次大戦中、ポーランドはナチに占領され、国中のユダヤ人がアウシュヴィッツに送られて殺されました。いわゆるホロコーストです。でも、何人かはポーランド人に匿われて生き延びました。赤ん坊だったイーダも修道院に預けられて助かったのです。

イーダは、たった1人の親戚であるヴァンダという叔母さんに会いに行きます。ヴァンダは共産党政府の裁判官ですが、生活が非常に荒れていて、酒とセックスに溺れています。

ヴァンダも姉、つまりイーダの母の行方を知りません。そこで2人で故郷の街を目指して車に乗って旅に出るというロード・ムービーです。

しかし、ヴァンダはこう言います。

「真相を知ったら、あなたも〝この世には神様なんていない〟とわかるわよ」

彼女が言う通り、ヴァンダが人生に絶望している理由をイーダも知ります。

『尼僧ヨアンナ』(1961年)

ヘレナ・ブルス＝ヴォリンスカ

『イーダ』はポーランドでは大問題になり、ボイコット運動まで起こりました。というのも、このヴァンダのモデルになったヘレナ・ブルス＝ヴォリンスカは、ポーランドの英雄たちを殺した国家的な犯罪者だからです。

ポーランドはソ連とドイツに挟まれ、その両方から侵略され、その両方と戦ったのがポーランド国内軍です。彼らはまずナチスと必死に闘いましたが、ソ連は助けに来ず、国内軍は徹底的に殲滅されました。ナチスが撤退するとようやくソ連が入ってきて、ポーランドを乗っ取り、独立を求める国内軍の生き残りを次々に死刑にしました。その裁判官がブルス＝ヴォリンスカだったのです。

ソ連の独裁者スターリンが1953年に亡くなると、ポーランドは「雪どけ」と言われる時期に入って少し民主化が進みます。それまでスターリンの下で人々を弾圧していた全体主義側に対する反発・反動が起こり、ブルス＝ヴォリンスカはイギリスに逃げました。スターリンの下ではイギリスとかアメリカなどの資本主義国家を「敵」として攻撃していたくせに、自分たちが失脚するとイギリスに逃げたという、卑怯きわまりない人物です。

だからポーランド政府はイギリス政府に対してブルス＝ヴォリンスカの身柄の引き渡しをずっと要求していました。しかしイギリス政府が応じないまま、彼女は2008年に亡くなっています。

実は、パヴリコフスキはオックスフォード大学に在籍していた頃、晩年の彼女に会っているんですよ。その頃はただのおとなしいお婆さんで、何十人も同胞を殺した鬼裁判官にはとても見えなかったそうです。で、「いったいこの人に何があったんだろう?」と思って『イーダ』という物語を作ったわけです。

『イーダ』では、ヴァンダがポーランド人を殺した動機が描かれます。彼女の息子がポーランド人に殺されたからです。それが「この世に神なんかいない」という言葉の意味でした。でも『イーダ』はフィクションですから、ヘレナ・ブルス＝ヴォリンスカの弁護にはならないんですけどね。

ヴァンダはジャズが好きです。「雪どけ」でポーランドにもアメリカ文化が入ってきたんですね。地獄のような人生において、ヴァンダは酒とセックスとジャズに救いを求めます。

劇中のジャズバンドで歌っているのは、後に『COLD WAR』でヒロインのズーラを演じるヨアンナ・クーリクです。

マゾフシェ

『COLD WAR』は1949年から物語が始まります。主人公のヴィクトルという音楽家は、ポーランドの田舎を回って民謡を録音して集めて、民謡舞踊団を作ろうとしています。集めたのは、「あの人が好き。でも一緒にはなれないわ」「あの子がいなければ俺は生きていけない」みたいな、昔ながらのラブソングです。

ヴィクトルはタデウシュ・スィギェティンスキという実在の音楽家がモデルです。スィギェティンスキはポーランドの民謡を集めて、「マゾフシェ」という国営の民族歌謡舞踊団を結成し、世界中を回ってコンサートしました。

ヴィクトルという名前はパヴリコフスキのお父さんと同じです。彼は医者でした。つまり監督は、スィギェティンスキという実在の人物に自分の父親を重ねて描いています。

ヴィクトル役のトマシュ・コットはパヴリコフスキのお父さんの写真と見比べると、顔がそっくりです。でも、トマシュ・コットは最初、全然ピアノが弾けなかったので、撮影のために特訓したそうです。

セルツェ

ヴィクトルの民族歌謡舞踊団には、カチマレクという共産党政府のお目付け役（ボリス・シィツ）がついています。彼は「これは祖国ポーランドの愛国心を高揚させるためだ」と演説します。民族歌謡舞踊団は政府の国策なんですね。

民族歌謡舞踊団のオーディションに、ヒロインのズーラが現れます。演じるヨアンナ・クーリクは30代半ばですが、ここでは17歳くらいという設定です。

ズーラはオーディションで素晴らしい歌声を聴かせます。審査員のヴィクトルが「もう1曲」というと、ズーラは「セルツェ（心）」というタンゴを歌います。これは『陽気な連中』（1934年）というソ連映画の挿入歌です。ソ連では珍しいジャズミュージカルで、ラブコメディです。「セルツェ」は「僕の心は彼女のもの」「心のおかげで僕は恋という素晴らしいことができるんだ。心よ、ありがとう」という歌詞ですが、それを歌うズーラを見てヴィクトルはもう恋に落ちているんです。

歌の途中でヴィクトルの隣の審査員（『イーダ』でヴァンダを演じたアガタ・クレシャ）が、「うまいのわかったから、もういいわ」と止めます。でもズーラは「ここからがいいところなのよ！」って「セールツェ♪」とサビを歌うんです。止めようとしても止められない、ズーラの情熱がわかります。

2つの心

「セルツェ」も「心」ですが、邦題の「2つの心」は劇中の民謡から取られています。結婚を許されずに引き裂かれている恋人同士について歌っています。この映画は「心」がキーワードです。

ヴィクトルは、ズーラには表現者に絶対に必要なものがある、と言います。エネルギー、スピリット（魂）、ソウルだ！　それが技術よりももっと大事なんだ！　と。まさに「心」ですね。

ヴィクトルがズーラのコーチを始めます。声域をチェックする時、ヴィクトルの弾くピアノが、ちょっとジャズになるんですね。ジョージ・ガーシュウィン作曲の「ポーギーとベス」の一節です。実はパヴリコフスキのお父さんはエラ・フィッツジェラルドとかのジャズシンガーが好きで、自分でもピアノを弾いていたそうです。

ヴィクトルは国策で民謡をやっているけど、実はこっそりアメリカの音楽を聴いているわけです。で、それをズーラに歌わせたがっているんですね。

ショパン

ヴィクトルはピアノでショパンの「幻想即興曲」も弾きます。ショパンはポーランドからパリに出て、そのまま帰ることができなくなって、祖国のことを思い続けてパリで亡くなりました。ショパンとヴィクトルの人生は重なっていきます。

ショパンはマズルカとかポロネーズといったポーランドの伝統的な音楽を、クラシックにアレンジして成功しました。ヴィクトルもパリに亡命した後、冒頭でおばさんがアコーディオンで歌っていた民謡をジャズバンドで演奏します。ジョン・コルトレーン風のビバップのアレンジで。それはショパンがしたことがヒントになっていたかもしれません。

しかし政府はヴィクトルの民族歌謡舞踊団にスターリン讃歌を歌わせます。ヴィクトルの中で、こんな国にはいられない……という気持ちが高まっていきます。

ここでいきなり、前述したヴィクトルとズーラの初めてセックスするシーンが入ります。ズーラがヴィクトルの服のボタンを引きちぎって脱がすんですよ。彼女はまだ17歳なのに。

ファム・ファタール

「君が父親を殺したって噂は本当？」

ヴィクトルがズーラに聞きます。

「だってお父さん、私をお母さんと間違えたから」

つまり、彼女は自分の父親に犯されそうになったんです。

「ナイフで刺したけど、死んでないよ」

「ファム・ファタールだ」ポーランドの秘密警察はズーラのことをそう呼びます。ファム・ファタールはフランス語で「運命の女、男を狂わせる魔性の女」という意味です。

父親を含めて、これまでに多くの男たちがズーラに狂ってきた。そんな経験から、ズーラは男たちを伏し目がちに、上から目線で見ます。

「ローレン・バコールの目つきだ」監督はそう言って演出したそうです。

ハリウッド女優ローレン・バコールは『脱出』（1944年）でデビューしますが、20歳で既に「ザ・ルック」と呼ばれた冷めた目つきをしています。で、共演した当時45歳のハンフリー・ボガードがメロメロになって、奥さんと離婚して、バコールと再婚しました。

『COLD WAR』の撮影中も、ヨアンナ・クーリクが少しでも目を輝かせると、監督は「ローレン・バコールを思い出せ！」と言って冷たい目線に戻したそうです。

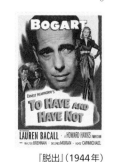

『脱出』（1944年）

突然、炎のごとく

でもズーラはその冷たい表情の奥に炎のような熱い情熱を秘めてるんです。川べりでヴィクトルとセックスした後、「私はこの世の果てまであなたについていくわ」と言います。ヴィクトルは「いきなり何？」と驚きます。

「私、知ってるのよ。あなたが西側のラジオを聴いてるの。逃げるつもりでしょう？　私、カチマレクに言っちゃってるから」

共産党のお目付け役のカチマレクもズーラが好きで、どうもセックスもしているらしい。だからズーラは「私は、あなたを滅ぼそうと思えばいつでも滅ぼせるのよ。だから私を捨てて逃げないでね」ってヴィクトルを脅迫しているわけです。

ヴィクトルは「俺を支配しようっていうのか？」ってズーラを置いてスタスタと去っていく。すると背後で「ボチャーン！」という音がして、ヴィクトルがびっくりして振り返ると、彼女が川に飛び込んでいるんです。

これはフランソワ・トリュフォー監督の『突然炎のごとく』（1962年）の引用ですね。『突然炎のごとく』は、セックスに奔放でモラルを気にしない女性カトリーヌ（ジャンヌ・モロー）と、彼女に翻弄される男性2人の三角関係を描いています。やはり1962年の映画で、ヌーヴェルヴァーグの代表的作品です。

その2人の男が男尊女卑的なことを言った時、カトリーヌはいきなりセーヌ川に飛び込む。慌てた2人が彼女を助けることから、2人はカトリーヌにコントロールされ始めます。

それ以外にも『COLD WAR』の様々な要素が、『突然炎のごとく』の影響を受けています。『突然炎のごとく』が作られ

『突然炎のごとく』
（1962年）

た1962年は、カウンター・カルチャーという世界的な意識革命の始まりの年です。フリーラブという結婚に縛られない恋愛観や、ウーマンリブと呼ばれた女性解放運動も盛り上がっていきます。『突然炎のごとく』のカトリーヌはその先駆といわれました。

ただトリュフォー監督自身は、カトリーヌに自分のお母さんを重ねているんです。彼のお母さんは十代で未婚の母として彼を生みました。トリュフォーは監督として成功してから、自分の本当の父親はユダヤ人の医者だったと知るんですけど、パヴリコフスキもお父さんはユダヤ系の医者でしたね。

亡命

川に飛び込んだズーラは、水に浮かんで歌を歌います。「セルツェ（心）」です。私は論理や筋で考えない、損得でも考えない、心のままに生きるの、とでも言うかのように。

ヴィクトルはズーラを亡命に誘います。ベルリンで民族歌謡舞踊団の公演がある時、西側に逃げようと。ベルリンの壁は1961年に築かれるんですが、その直前なので、検問所しかないんですね。

ところが当日、ヴィクトルが逃げようとしたらズーラが来ないんです。仕方がないから自分1人で西側に亡命します。実際、パヴリコフスキのお父さんだけヨーロッパに亡命して、お母さんはポーランドに残って、両親が離婚した事実が元になっています。

生涯愛する女性

次に、パリで既にジャズミュージシャンになっているヴィクトルにカットが飛びます。このスピード感が快感です。

そこにズーラが現れる。民族歌謡舞踊団のパリ公演があったんですね。ヴィクトルが「君は今、誰かと一緒にいるの?」と聞くと、ズーラは「いるわよ。あんたもいるでしょ?」と答えます。まあ、イケメンと美女だもん。2人とも恋人がいるんですよ。

パヴリコフスキの両親も美男美女でモテモテだったそうです。お母さんは元バレリーナで、お父さんはグレゴリー・ペックにそっくりだったと。2人は何十年もの間、くっついたり離れたりしながら、しょっちゅう相手を変えていたらしいですよ。

ズーラに会ったヴィクトルは家に帰って、一緒に住んでいる女性に「今、生涯愛する女性に再会したんだよ」と言います。そんなこと言われても彼女は怒るでもなく「あっそ。よかったわね」と無表情で言って寝てしまう。ここも彼女の気持ちを考えると面白いですね。

あの人に会えない

次は1995年のユーゴスラビアに移ります。ズーラの公演があるので、ヴィクトルはわざわざユーゴまで来たんです。でも、観客席にいたヴィクトルをポーランドの秘密警察が連れ去ります。それをステージから観ていたズーラが歌っているのは「2つの心」です。「あの人に会えない」という歌ですね。

次は1957年のパリに飛びます。ズーラがやってきて「私、イタリア人と結婚して、ポーランドを出たから」って言うんですね。ズーラはとにかくモテるから、国境とか、共産主義とか資本主義とか軽々と飛び越えるんです。

ロックンロール

ヴィクトルはズーラのためにポーランドの民謡をジャズにアレンジして、歌詞をフランス語に訳して歌手デビューさせようとします。

「この歌詞、誰が翻訳したの？　女でしょ？」ズーラは疑います。

「ジュリエットっていう詩人にやってもらったんだよ」

「それ、あんたの女でしょ？　やったんでしょ？」とズーラはヤキモチを焼く。で、パーティーで、そのジュリエットに因縁をつける。自分は好き勝手やってるのにねえ。

このパーティーでビル・ヘイリー&ヒズ・コメッツの「Rock Around the Clock」(1954年)が流れます。『アメリカン・グラフィティ』(1973年)でもかかった、元祖ロックンロール。ズーラの肩が動き、ビートに合わせてノリノリで踊り出し、見知らぬ男の手を取ってジルバを踊ります。その男の連れの女性が「あなた、勝手にうちの旦那に何やってんの!」ってズーラを突き飛ばす。するとズーラはまた別の男と一緒に踊り、次から次と男の間を輪舞していく。

ヴィクトルは黙ってそれを見ているしかない。ズーラのパッションはジャズすらも超えて、ヴィクトルはついていけない。このへんから2人の間に亀裂ができていきます。

ヴィクトルの望郷

ズーラはレコードデビューしますが、彼女はうれしそうじゃない。

「フランスはいいわね。レコーディングプロデューサーのミシェルも、私を一晩に6回もファックしてくれたし」とヴィクトルに言うんです。

「あんたもポーランドにいた頃は男だったけど、こっちに来てからはダメね」

つまり、ヴィクトルはパリでズーラと一緒にいるから、もうゴールした気分になっちゃっているんですよ。かつて秘密警察と闘ってまでズーラを追いかけたような情熱が感じられないいんですね。

ズーラは、相手が常に狂ったように自分を求めてくれないと不満なんですね。で、「ミシェルの方が断然いいわ。ポーランドから亡命してきてる変なミュージシャンと違ってね」と挑発されて、ヴィクトルはカッとなって彼女を叩いちゃう。それで彼女はまたフランスから出ていっちゃいます。

ズーラに逃げられたヴィクトルは、自分のジャズ・バンドでピアノを弾いているうちに曲が「2つの心」になって、最後の方では「インターナショナル」のメロディーが入っちゃいます。あんなに共産主義が嫌で逃げてきたのに。バンドのメンバーが呆れて彼を見てるのがおかしいですが、ヴィクトルにとってズーラは捨ててきた祖国そのものなんです。

15年の刑

ヴィクトルはズーラのために信じられない選択をします。パリのポーランド領事館に行って「ポーランドに帰る」と言うんです。領事も驚いて「ひとつだけ方法がある。亡命者のネットワークの情報をよこせ」と言います。

ヴィクトルは仲間の情報を売ってポーランドに帰ります。ズーラのために正義も友情も売ったんです。ひどい裏切りです。で、帰っても刑務所にぶち込まれます。

ズーラが面会に来ます。

「何年の刑？」

「15年」

ズーラは超うれしそうです。「私のために何もかも捨てたのね！　合格よ！」みたいな感じですね。で、「頑張ったからごほうびに刑務所から出してあげるわ」って。彼女はやろうと思えば何でもできるんですね。

ポーランド製ラテン音楽

ズーラはポーランドで大歌手になって、コンサートでラテン音楽を歌っています。これは「Baiao Bongo」という1964年のヒット曲で、パヴリコフスキ自身が子どもの頃に好きだったそうです。ポーランドで作られた偽ラテンなので歌詞はポーランド語なんですが、歌うズーラがとにかく情熱的ですね。時代が進むにしたがって、ズーラの歌う曲はどんどん情熱的になっていくんです。

それを見ているのが釈放されたヴィクトル。ズーラは彼を釈放させるために、共産党の大物になったカチマレクと結婚したんです。カチマレクは昔からズーラが大好きでしたから。

カチマレクは2、3歳の息子を連れて、「僕に似てるかな？」とヴィクトルに聞きます。どう見ても似ていなくて、明らかにヴィクトルの子です。でもヴィクトルは「君にそっくりだよ」と言います。

ズーラがそこに走ってきて、ヴィクトルに抱きつきます。夫であるカチマレクの目の前で。カチマレクは、ズーラがヴィクトルを愛してることはわかっています。彼を釈放するために自分と結婚したわけですから。息子も本当はヴィクトルの子だと知ってるんでしょう。それでもいいと思うほどズーラを愛した、哀れな男なんです。

ゴルトベルク変奏曲

ズーラとヴィクトルは、冒頭に出てきた教会の廃虚に戻ってきます。聴こえるのはバッハの「ゴルトベルク変奏曲」です。パヴリコフスキは前作『ズーラ』の最後にもバッハの「主イエス・キリスト、われ汝を呼ぶ」を使っています。

これはアンドレイ・タルコフスキー監督の影響でしょう。タルコフスキーの『惑星ソラリス』（1972年）はバッハの「主イエス・キリスト、われ汝を呼ぶ」が主題曲で、『ノスタルジア』（1983年）は教会の廃墟で終わります。

『惑星ソラリス』（1972年）

タルコフスキーは、ショパンやパヴリコフスキと同じく亡命者でした。ソ連で自由に映画が作れない状況に我慢できずに、家族を置いて西ヨーロッパに亡命しましたが、祖国への断ち難い想いに苦しみながら異国の地で亡くなりました。

『COLD WAR』もパヴリコフスキがズーラに託して、母と母国ポーランドへの想いを描いた映画なんですね。

両親に捧ぐ

教会の廃墟でヴィクトルとズーラは心中します。ズーラが「死ぬまで一緒よ」と言った通り。そこに「両親に捧ぐ」という献辞が出て『COLD WAR』は終わります。

パヴリコフスキの両親は何十年にもわたる紆余曲折を経て、最後はまた一緒にドイツで暮らしたそうです。でも、お母さんは脊柱側彎(そくわん)症、お父さんの方は酒とタバコが原因の心不全で、2人は1984年に命を絶ったそうです。その5年後にソ連が崩壊して、東西冷戦は終結しました。

パヴリコフスキ自身も人生の荒波を乗り越えてきました。彼にはロシア人の奥さんがいたんですが、彼女は子どもを2人遺して若くして亡くなっています。パヴリコフスキが映画監督として寡作なのは、男手ひとつで2人の子どもを育てて、時間がなかったからだと言っています。

彼は、バッハの青年時代を描く映画を企画しているそうです。きっと今まで同様、何らかの形で監督自身の個人的な人生がバッハの人生と重なってくることでしょう。

The Half of It

人はどうして人を好きになるのか？

『ハーフ・オブ・イット：面白いのはこれから』

2020年／アメリカ
監督 アリス・ウー
出演 リア・ルイス、ダニエル・ディーマー、アレクシス・レミール、コリン・チョウ

2分の1の神話

ハーフ・オブ・イット——それの半分、というタイトルの意味は、冒頭のアニメで説明され

ます。古代ギリシャの哲学者のプラトンが「人はどうして人を好きになるのか？」という謎について考えたんです。

これって謎でしょ？　人は、なぜか会った途端に誰かを好きになったり、これから恋に落ちる、と直感することがありますよね。美醜とか、性欲とすら関係なく「この人だ！」と思うことがあるんです。その理由は古代からずっと謎だったわけです。

プラトンは「その人とは、前世においてひとつだったんじゃないか」と推論したわけです。かつて人は、2人でひとつの状態で完全体になる生き物だった。でも、それに嫉妬した神様（ゼウス）に切断されてしまった。だから人は、失くした自分の片割れを探し続ける。英語でパートナーのことをベターハーフ（いい方の半分）というのは、ここから来ています。

つまり恋とは、人生とは、ハーフ・オブ・イットを探す旅なんだ、ということです。

それなのに、この映画は「勘違いしたら困るから言っておくけど、これはラブストーリーじゃない」というナレーションが入るんです。『（500）日のサマー』にもありましたね！

じゃあ何なのか？　この映画では『ハーフ・オブ・イット』というタイトルにもうひとつの意味を持たせています。一緒に映画なんかを観ていて、途中で「つまんないね」と文句を言った人を「まだ半分くらいだから。これから面白くなるんだよ」と諌める時に「ジャスト・ハーフ・オブ・イット」と言います。だから「面白いのはこれから」なんです。

ラブレターの代筆

『ハーフ・オブ・イット』は人生がまだ半ばにも達してない高校生の話です。

主人公のエリー・チュー（リア・ルイス）は中国系アメリカ人ですが、ワシントン州の田舎町に住んでいて、そこはほとんど白人しかいない、キリスト教保守的な土地です。エリーは「チューチュー・トレイン」と中国系の苗字をからかわれたりもします。だから心を閉ざし、友達はなく、本ばかり読んでいます。

エリーのお父さんは鉄道員として駐在しています。奥さんを交通事故で亡くした悲しみで、やはり心を閉ざしています。彼は毎日、テレビでロマンチックな映画を観て、その中に逃避しています。

ただ、エリーには文学的才能があるので、英語のクラスで同級生のレポートを代筆して稼いでいます。

そんな時、近所に住むポール（ダニエル・ディーマー）からラブレターの代筆を頼まれます。彼はフットボール部の2軍か3軍の、あまりパッとしない男の子です。

ところが、彼が片思いしている相手がアスター（アレクシス・レミール）だと聞いて、エリーは代筆を断ります。なぜなら、エリーもアスターのことが好きだったからです。エリーは女の子が好きな女の子なんですね。

プラトンは、「2人でひとつの完全体」は男女の組み合わせだけでなく、男男、女女という組み合わせもあったと言っています。

ところが、エリーの家の経済状態が良くなくて、電気を止められそうになってしまったので、お金のために仕方なくアスター宛てのラブレターを書くことになります。

シラノ・ド・ベルジュラック

この話自体は、監督のアリス・ウー自身の大学時代の経験が元になっているそうです。アリス・ウーは1970年生まれ。彼女自身もレズビアンです。大学時代の一番の親友が男の子で、すごく仲が良かったんだけど、2人の仲が良すぎて、その男の子の彼女が嫉妬をして、3人の関係が滅茶苦茶になってしまったそうです。

それを元にシナリオをまとめる時、話の「型」として、『シラノ・ド・ベルジュラック』という戯曲を参考にしたそうです。

シラノ・ド・ベルジュラックは17世紀のフランスに実在した剣術家で作家で哲学者です。剣術家としては100人を相手に戦った武勇伝が残るほど腕が立ち、小説では『月世界旅行記』が有名です。多段式ロケットで月に行くと、そこには地球外生命体がいて……という元祖サイエンス・フィクションですね。

彼はまさに文武両道だったんですが、結婚もせず、36歳の若さで亡くなっています。19世紀に彼を主人公にした『シラノ・ド・ベルジュラック』という戯曲が書かれました。そこでのシラノは鼻が非常に大きいことがコンプレックスで、女の人に自分の心を打ち明けたことがない設定になっています。彼のもとにクリスチャンという若い騎士が来て、ラブレターを代筆してほしいと頼みます。クリスチャンは気はいいんだけれど文学的な教養がないんです。でも、クリスチャンが片思いしたロクサーヌこそは、シラノが密かに思いを寄せていた女性でした。

シラノは苦しみながら、クリスチャンの名前を騙(かた)って、ロクサーヌ宛てにシラノ自身の心を綴ったラブレターを書くことになります。

これを日本向けに翻案した『白野弁十郎』という芝居もあるし、日本の戦国時代の話に翻案した三船敏郎主演の『或る剣豪の生涯』（1959年）という映画もあるし、現代版ではスティーブ・マーティン主演『愛しのロクサーヌ』（1987年）もあり、それほどよくできた話です。

一番有名な場面は、シラノがクリスチャンのふりをして、バルコニーにいるロクサーヌに愛を語るシーンです。ロクサーヌからシラノの姿は見えないんですが、その言葉は彼の心からの

『愛しのロクサーヌ』（1987年）

ものなので、ロクサーヌはクリスチャンを愛してしまい……という悲喜劇ですね。

『ハーフ・オブ・イット』ではバルコニーの名場面がLINEみたいなスマホのチャットアプリになっています。

ブレックファスト・クラブ

『ハーフ・オブ・イット』の舞台を高校にしたのは、アリス・ウー監督がハイスクールものが大好きだったからだそうです。彼女はちょうどジョン・ヒューズ監督の青春ものを観ていた世代なんですね。

特に『ハーフ・オブ・イット』に大きな影響を与えているジョン・ヒューズ作品は『ブレックファスト・クラブ』（1985年）ですね。

アメリカの高校には「クラス」がないから、生徒たちはスポーツマンとかオタクとかのグループごとに分かれて、違うグループとは口も利かないんです。ところがある日、校則を破ったりした生徒たちが休日登校をさせられます。体育会の男の子、いじめられている男の子、不良の男の子、「クイー

『ブレックファスト・クラブ』（1985年）

ン」と呼ばれる人気のある女子、まったく友達のいない暗い女の子の5人です。普段は一言も話をしない子たちですが、図書館で1日を過ごすうちに、それぞれの悩みを打ち明け、理解し合っていきます。

『ハーフ・オブ・イット』の中国系の文系少女エリーも、アメフト部のポールも、学校一の美人アスターも、普段はまったく接点のない3人でしたが、彼らはラブレターを介して互いを理解していきます。

それ以外にも『ハーフ・オブ・イット』は沢山の文学や映画を引用して、それらがキャラクターやテーマを補完しています。ただ、いちいち説明せず、「わかる人にはわかるよね」的な引用の仕方をしているので、ここで解説していきましょう。

日の名残り

エリーは前からアスターを遠くから見ていたんですが、本当に好きになったのは、エリーが落とした本を拾ってくれてからです。アスターは言います。

「『日の名残り』――好きよ」

『日の名残り』は日系イギリス人作家のカズオ・イシグロが1989年に発表した小説で、

1993年に映画化されてアカデミー作品賞に輝きました。1956年のイギリスで、ダーリントン卿という貴族の家に長年仕えてきたスティーヴンスという執事が主人公です。彼がお休みをもらって、かつて女中頭だったミス・ケントンという女性に会いに行く旅をします。1993年の映画版ではスティーヴンスをアンソニー・ホプキンスが、ミス・ケントンをエマ・トンプソンが演じています。

『日の名残り』(1993年)

スティーヴンスは結婚も恋愛もせずに、ただひたすら貴族の執事として生きてきました。彼自身は「それでいい」と思っていたんですが、旅をするうちに、それは間違いだったことに気が付きます。何よりも大きな間違いだったのは、ミス・ケントンのことを愛していたのに、彼女にそれを打ち明けなかったことです。そのために、ミス・ケントンは愛していない人と不幸な結婚をしてしまったんです。

『日の名残り』は1日の終わり、人生の終わりのことです。スティーヴンスはその時にやっと、自分が人生をムダにしたことに気が付くんです。

「抑えてきた思い……」

『日の名残り』を拾ったアスターは言います。スティーヴンスの気持ちのことを意味してますが、エリーもずっと自分の気持ちを抑えてきました。

アスターは学校で一番人気がある美女で、ケバい女の子たちとつるんで、アメフト部のスターと付き合っていて……自分とは縁がないタイプだと思っていたのに、実は『日の名残り』を読むような、自分に近い人だと知って、エリーはときめきます。

地獄というのは他人のことだ

また、エリーの英語の授業では、『出口なし』という戯曲について学んでいます。『出口なし』はフランスの哲学者ジャン＝ポール・サルトルの戯曲で、フランスがドイツに支配されていた1944年に発表されました。

『出口なし』の登場人物はガルサン、イネス、エステルの3人。彼らは死んで地獄に堕ちたと思ったら、そこは普通の部屋でした。エステルという女性は「私は何も悪いことをしていない。地獄に堕ちたなんて、何かの間違いよ」と言い、イネスは「私たちには何かの罪があるはずだから、お互いにその罪を探るために告白しましょう」と言って、3人は自分の人生を告白していきます。

実は3人とも罪深き人生を送ってきました。

ガルサンという男は女たらしで奥さんを傷つけてきました。イネスは逆に男を憎んでいるレズビアンで、人の心を操って傷つけてきました。エステルは非常に美しい女性で、愛がないのに金持ちの男と結婚して、浮気をして生まれた子どもを窓から投げ捨てました。イネスはエステルを愛するんですが……。

この3人の関係性は『ハーフ・オブ・イット』におけるエリーとポールとアスターの三角関係の元になっています。だからアスター（Aster）とエステル（Estelle）は発音が似ているんです。3人は密室の中で告白をして互いを責めながら、どんどん精神的な地獄に落ちて、三つ巴の三すくみになっていきます。

ガルサンは「ここはやっぱり地獄だ」と確信します。

「地獄というのは他人のことだ」

他人とはどうしても理解し合えない、受け入れてもらえない。他人こそが地獄なんだと言うんです。

後半、エステルがイネスをナイフで刺すんですが、刺しても死なないんです。もう死んでいるから。死ぬこともできない、まさに『出口なし』。

『ハーフ・オブ・イット』の3人も「出口なし」になっていきます。ただ、ラブコメタッチでね。

カサブランカ

エリーのお父さんが最初の方でテレビで観ている『カサブランカ』（1942年）も三角関係の話です。第二次世界大戦中のモロッコでバーを経営するリック（ハンフリー・ボガート）が、ナチスに占領されたフランスから逃げてきた昔の恋人イルザ（イングリッド・バーグマン）と再会します。でも、イルザは抵抗運動の闘士ヴィクトル（ポール・ヘンリード）と結婚していました。リックは最初、イルザを取り戻そうとじたばたしますが、最後は尊敬すべきヴィクトルとイルザを亡命させます。

「ここがいちばんいいところなんだ」

エリーのお父さんは言います。

愛する人を見送ったリックに、警察署長ルノー（クロード・レインズ）が言います。

「美しき友情の始まりですな」

この言葉は『ハーフ・オブ・イット』の展開を予言しています。

『カサブランカ』（1942年）

ベルリン・天使の詩

お父さんはヴィム・ヴェンダース監督の『ベルリン・天使の詩』（1987年）も観ています。

東西に分断されていた時代のドイツのベルリンで、人間たちの生活をずっと見守ってきた守護天使ダミエル（ブルーノ・ガンツ）が、自分も人間のように人を愛してみたいと願って、永遠の命を捨てて人間になります。

愛を知らなかったダミエルがエリーと重ねられています。恋に落ちたダミエルはこう言います。

「僕はこんな風に、愛という気持ちが自分の心に湧き上がってくる経験をずっと待ち望んできたんだ」

このセリフを、エリーはアスターへのラブレターに書きます。ポールとしてね。

すると、アスターからこんな返事が来ます。

「私もヴィム・ヴェンダース、好きよ。でもね、パクリはやめた方がいいわ」

これを読んだポールは「ウィム・ウェンダース（Wim Wenders）って誰？」と聞きます。ドイツ人はWをヴィと発音することを知らないんですね。で、「パクリがバレたじゃないか！アスターに嫌われちゃう！」と慌てます。するとエリーは「そうじゃない。私たちはお互いに同じものを知っているから、キャッチボールをしているの」と説明します。

『ベルリン・天使の詩』（1987年）

手紙の交換が始まります。

フィラデルフィア物語

エリーはポールに、アスターと付き合うためのラブアタック大特訓を始めます。脳内が体育会系のポールにフットボールのコーチのように恋愛の仕方を教えていくわけです。

そして『フィラデルフィア物語』（１９４０年）という映画を見せます。これはスクリューボール（変化球）コメディと呼ばれるジャンルの映画です。男女が喧嘩をしながら、最後に結ばれるまでのラブコメです。

『フィラデルフィア物語』のヒロインはトレイシー（キャサリン・ヘプバーン）というお金持ちの女性で、すごくツンツンした人で、誰にも心を開かないので「不可侵のトレイシー」と呼ばれています。その頑なな性格が原因でケーリー・グラント扮する夫と離婚して、別の人と再婚しようとするんですが、そこに前夫が来て、何とか彼女とヨリを戻そうとします。

トレイシーは「弱者に対する偏見と心の狭さが問題だ」とか「慈悲深さが欠けてるね」と父親に言われるんですけど、エリーもそういうところがありますね。友達を作らないで、周囲

『フィラデルフィア物語』（1940年）

の人たちを見下している。

心の優等生

ポールは最初、いかにも頭が鈍そうに見えます。いわゆるネアンデルタール顔だし、彼が書いてみたラブレターも「ボクはポテトフライをミルクシェイクに漬けて食べるのが好きさ」みたいな、小学生が書いたような作文です。彼の家は町外れのソーセージ屋さんで、子沢山で、あまり豊かではありません。エリーも最初は彼をバカにしています。でも、それは間違いだったんです。

エリーに対して差別的な言葉を投げつける連中にポールは怒ってくれました。「会話はピンポンみたいにするの」とエリーはポールに教えますが、そのピンポンを使った会話の練習でポールはエリーの母を失った心の傷を初めて語らせます。

ポールがエリーの家で、インド映画を観ている時です。映画の中で列車に乗って去っていくヒロインを男が走って追いかけるシーン。ポールはそれを見て感動しているのに、エリーは「古臭い」「バカよ」「列車に追いつけるわけない」「彼女もこんなバカと時間をムダにしなくてよかったわと思ってる」とボロカスに言います。ポールは、エリー、わかってないね、恋する者はみんなバカになるんだよ。という顔をしてます。

文学的教養はエリーがポールに教えたけれど、人の心についてはポールがエリーに教える必要がある。それにエリーも気づいていきます。

野獣一匹

ところで、あのインド映画はいったい何だろう？　と思いませんか？　メロドラマ、ラブストーリーに見えますが、実は違うんです。２０１４年に公開された『Ek Villain』（悪役）という映画で、日本では『野獣一匹』というタイトルで公開されたらしいですが、とにかくものすごい映画なので、ちょっと紹介させてください。

これ、なんと韓国のホラー映画『悪魔を見た』（２０１１年）のインド版リメイクなんですよ。『悪魔を見た』は連続殺人鬼（チェ・ミンシク）に彼女を殺された男（イ・ビョンホン）が復讐をしようとします。『野獣一匹』もアイシャという女の子（シュラッダー・カプール）が連続殺人鬼に殺されるところから始まり、彼女の夫グル（シッダールト・マルホートラ）

『野獣一匹』(2014年)

『悪魔を見た』(2011年)

が復讐を誓います。

グルがアイシャと恋に落ちるまでの回想シーンがすごい。グルは子どもの頃に両親をヤクザに殺されて、その復讐をするために自分もヤクザの道に入りました。で、借金の取り立てをするんですが、債務者にガソリンかけて生きたまま焼き殺すんですよ。その男の弟と母親の目の前で。それが主人公ですよ？


グルは警察に捕まって、拷問されます。そこにアイシャが現れます。彼女は社会運動家で警察署に来ていて、拷問されてるグルを見て、一目惚れしちゃうんですね。彼女はグルに言います。

「あなた、悪役さんでしょう？」

原題の『Ek Villain』（悪役）というのはここからきてるんですね。

当然グルが「俺は殺し屋だ。殺すぞ」と言うとアイシャは明るく「殺して。お金ならあげるから」と言って、小銭が詰まったジャムの瓶を渡します。安すぎるだろ！

「お嬢さんさ、もしかして精神病院から出てきたんじゃねえの？」

「精神病院にいるのは、おじいさんよ。その人を出してあげてほしいの。お金、あげたでしょう？」

グルはまんまとアイシャのペースに乗せられて、精神病院からおじいさんを救い出します。というのは、そのおじいさんには愛を誓った幼馴染みがいて、アイシャは2人を結婚させようとするんです。アイシャのお父さんが牧師をしている教会で。『ハーフ・オブ・イット』のアスターもお父さんが教会の助祭なんです。

そこがネタ元かい！

すぐに治る不治の病

アイシャはやたらとスマホをいじってるわ、やたらとチェキで写真を撮ってるわで、美人なんだけど、どっかネジが外れている感じなんですが、グルと恋に落ちて、例の列車のシーンになります。

アイシャは突然、グルに別れを告げます。彼女は不治の病で、あと数カ月の命しかない。「あなたを悲しませるから、もう一緒にはいられないわ」と、列車に乗って去っていく。グルはそれを走って追いかける。で、その後、どうなるかというと、実はグルはすぐに走るのやめちゃうんですよ。殺し屋のくせに根性なしか！

グルが「ああ、疲れた」って休んでいると、アイシャが向こうから戻ってきます。お父さんが列車の非常急停止レバーを引いちゃって、強引に列車を止めて降りてきたって。お前ら、本当にいろいろ問題ありすぎだよ！

2人は結婚して、大都会ムンバイのいい病院に入って、アイシャの病気は治ります。不治の病って言ってたのに、そんなにすぐ治るのかよ！　ひどいですねこの映画は。

殺人鬼を半殺し

『野獣一匹』の話、まだ続きます。すみません。

グルとアイシャは仲良く暮らすようになって、グルがカタギになろうと、就職の面接に行ってる間に連続殺人が家に来て、アイシャは殺されちゃいます。犯人はラケシュという男（リテーシュ・デーシュムク）で、顔はいいんですけど、気の弱い男です。電話の配線係をしているんですが、会社でも出世できなくて、家に帰ると奥さんに「稼ぎが少ない！」って怒鳴られるんですね。

彼が女の人の家で電話を取り付けていて「あんた、どんくさいわね！」と言われてブチ切れて、ドライバーで女の人を刺しちゃうんです。で、虫の息の女性に添い寝して「僕は真面目にやってるんだけど、稼ぎが少なくて奥さんにいつもいじめられてるんだ。でも、僕は奥さんのことを本当に愛してるから殺せないんだ。だから代わりに君を殺しちゃうんだ」とか勝手なことを言います。

ラケシュはこれを繰り返しています。彼が電話を取り付けに行ったところで次々と殺人が起こるんだから、犯人はすぐにわかりそうなもんなんだけど。はっきり言って雑な話ですよ。最後はオリジナル版の『悪魔を見た』と同じで、グルはラケシュを見つけてボコボコにして、「1回殺したくらいじゃ足りない。病院に連れて行くからケガを治せ。治療費は出す。全部治ったら、また半殺しにしてやる」と言って入院させます。ラケシュはすぐに看護師を殺そうとして、そこにグルが入って、ラケシュをまた半殺しにします。すると今度はラケシュの心臓が止まっちゃって「しまった!」って、襲われていた看護師と一緒にカンフル剤を打ってラケシュを生き返らせて「よかった、また半殺しにするか!」って……いい加減にしろ!

こんな映画を引用するアリス・ウー、ただもんじゃねえな。

出口あり

失礼しました。『ハーフ・オブ・イット』に話を戻します。

ラブアタック大特訓を通してエリーとポールはお互いを深く知り合い、2人とも、「出口なし」の状況にあるとわかります。

ポールは自分で開発した商品、ソーセージタコスを売り出して大きなビジネスにするのが夢ですが、それをすれば代々続くレシピを守る家族を傷つけることになる、と悩んでいます。

エリーは貧しさのせいで街から逃げ出せず、先生に勧められた名門大学の文学部への進学もあきらめています。ただ自分という牢獄に自分自身を閉じこめてきました。

アスターですらそうでした。彼女は学校一の美人ゆえに、学校一の人気者でアメフト部のスター選手トリッグと付き合っていますが、別に彼のことを愛しているわけではありません。また、学校のクイーンたちのグループに無理やり入れられてしまいます。クイーンたちは、セクシーでおしゃれで、体育会系男子の取り巻きをするだけでなく、ものすごい同調圧力でメンバーに自分たちと同じような服装を求めます。

でも、アスターは米軍放出のフィールドジャケットを着ています。あれはドラマ『フリークス学園』（1999年）でも描かれたように、主流から外れたパンクやグランジ、エモ系の高校生が着るものです。彼女は文学とアートが好きなのに、クイーンたちは男の子のことしか話さない。

でも、この3人はラブレターを通じて、自分の出口を探り始めます。

ポールは考案したソーセージタコスをエリー父子に試食してもらって、大好評を得て、自分の夢の実現に確信を深めます。

エリーはポールに後押しされて、高校のタレント・ショー（学芸会）に出演し、自作の歌をギターで弾き語りして生徒たちの心を動かし、トリッグ以上の喝采を浴び、パーティーに招かれて、初めて楽しい時を過ごします。彼女の歌が、他人を地獄ではなくしたのです。

大胆な筆致

アスターは絵を描くことが好きでした。

「良い絵と傑作の違いは」アスターは手紙に書きます。「たいてい5つの大胆な筆致。ただ、その筆致の大胆さゆえに良い絵をダメにしてしまう危険もある」

その勇気がアスターにはなかった。

「だから、私は絵を描くのをやめた。今はどう生きたらいいかわからない」

トリッグはアスターとの結婚を勝手に決めて彼女の父親と相談しています。このままだとアスターの人生は、地元の砂利業者の後を継ぐトリッグの奥さんでしかなくなるでしょう。でも、アスターはエリートとの手紙のやりとりを通じて、再び絵を描き始めます。

いちばんいいところ

エリーは、アスターと山奥の誰も知らない温泉に2人っきりでつかるという夢のようなひと時を過ごします。ラジオから聴こえるのはシカゴの「If You Leave Me Now」(1976年)。

「この歌、死んだ母さんが好きだった」

「どこへも行かないで、この愛はなかなか見つからない愛だよ」という歌詞が、エリーの気持ちを代弁しています。

「母さんは言ってた。どんな歌にも、映画にも、物語にも、必ずひとつ、いちばんいいところがあるって」

エリーの18年くらいの人生で「いちばんいいところ」は、アスターと2人きりのこの瞬間でしょう。

「神様を信じる?」

カトリックの助祭の娘、アスターが尋ねます。

「信じない」

エリーは13歳で母を亡くしたからでしょう。何の罪もない人の理不尽な死を経験した時、人は神を信じるのが難しくなります。

神を信じてずっと生きてきたアスターが、世界に神がいないという感覚はどんなものかと尋ねるとエリーは「孤独」と答えます。

「いつか何かを信じられるといいね」

これはキリスト教の神を信じなさい、という話ではありません。何かの宗教を信じた方がいい、という話でもありません。もっと大きな、世界中の誰にでも通じる話です。

またしても出口なし

エリーの特訓で体もついでに鍛えられたポールは、アメフトの試合で初めてのタッチダウンを決めます。

エリーに感謝するポールは、エリーにキスしようとして拒否されます。エリーはレズビアンで、アスターのことが好きなんだとわかったポールは「そんなことは神が許さない！」と言います。敬虔なカトリックである彼は同性愛なんて考えたこともないし、男女の間には恋愛しかないと思い込んでいるから、エリーと自分の関係も勘違いしちゃったんですね。

さらに、ポールがエリーにキスしようとした現場をアスターに目撃されてしまいます。まさに三すくみ。出口なしに戻ってしまいます。

ノー！

ポールは自分が本当に愛しているのはエリーだとわかった瞬間にエリーがレズビアンだと知ってパニックになりましたが、ＬＧＢＴについて調べたりして理解しようとして、最後はエリーのお父さんの助言を受けます。

「誰かを本当に愛したら、その人に変わってほしいなんて思わないんだよ」

日曜日、アスターの父の教会にこの３人が集まります。エリーはオルガン奏者で、アスターは信者です。そこで、トリッグが自信たっぷりにアスターにプロポーズします。

彼は新約聖書から「コリント人への手紙　13章4節」を引用します。園子温監督『愛のむきだし』（２００９年）でヨーコ（満島ひかり）も引用した一節です。

「愛は寛容であり、愛は情け深い。妬むことをしない。愛は高ぶらない。誇らない」

彼のプロポーズに、ポールとの関係が壊れた直後のアスターはあきらめたようにうなずきます。

『愛のむきだし』（2009年）

「ノー！」エリーが叫びます。

このシーンはマイク・ニコルズ監督の『卒業』（1967年）が元ですね。大学を卒業したばかりの若者ベンジャミン（ダスティン・ホフマン）が、有閑マダムのミセス・ロビンソン（アン・バンクロフト）と性的関係になるんですが、ベンジャミンはロビンソンの娘エレイン（キャサリン・ロス）と真剣に恋をしてしまいます。2人を引き裂こうとするミセス・ロビンソンはエレインを別の男と結婚させようとします。結婚式にベンジャミンが殴り込んで、花嫁をさらって逃げ去ります。

愛とは何か？

でも、エリーは「ノー」の後が続きません。

「愛っていうのは……」

「愛は偽らない！」

ポールが起立して叫びます。今までエリーにメッセージを代筆させてきたからです。

「愛なんて」エリーは続けます。

「滅茶苦茶でひどくて自分勝手で……大胆……」

ずっと学校で気配を消していたエリーは今回のドタバタを通じてその殻を破り、いまはもうこんなに大胆になった。

「失くした自分（ハーフ・オブ・イット）なんて見つからない。探して失敗しての繰り返し……それは、よく描けた絵を自分でダメにするようなもの。傑作を描くためにね」

　エリーはアスターを見つめて言います。

「これがあなたの大胆な筆致なの？」

　この一言で、アスターは、自分が手紙をやりとりしていた相手がポールではなくエリーだったと気づきます。

あなたでしたの？

　ここは、エリーのお父さんが観ていたチャップリンの『街の灯』（１９３１年）とつながってくるんですよ。

　『街の灯』は喜劇王チャールズ・チャップリンが制作・脚本・監督・主演を手がけたサイレント映画です。チャップリン扮する放浪紳士が道端で花売り娘（ヴァージニア・チェリル）と出会います。彼女は全盲なので、浮浪者チャップリンをお金持ちの紳士だと勘違いします。エリーの手紙をポールが書いたと思ったアスターの

『街の灯』（1931年）

ように。

チャップリンは、彼女の目の手術代を稼ぐために賭けボクシングに出てボコボコにされます。でも、いくら殴られても、彼女のために何度でも立ち上がります。シルヴェスタ・スタローンは『ロッキー』（1976年）の脚本を書く時に『街の灯』を参考にしたそうです。

そして、どうにか手に入れたお金で彼女の目の手術をしてあげて、彼女の目は見えるようになります。でも「私の手術費を出してくれたのはお金持ちの紳士だ」と思い込んでいるから、チャップリンが目の前にいてもかわいそうなホームレスにしか見えなくて、お金を恵んであげようとします。小銭を彼の手に渡そうとして、その感触で彼女はハッと気づきます。この手の感触は、あの優しい紳士と同じだと。彼女はチャップリンの顔を見つめてこう言います。

「あなたでしたの？」

本当の自分

結局、誰の「ハーフ・オブ・イット（失くした自分）」も見つかりませんでした。でも、主人公たちは「本当の自分」を見つけたんです。

ポールは「自分の作りたいソーセージを作るんだ」とはっきり家族に主張します。

アスターも結婚はやっぱりやめて、アートスクールへの進学を決心します。

エリーも、先生に薦められたグリネル大学に進学します。これは実在する名門大学です。それぞれが本当の自分にたどり着いた。出口が見つかった。これはハッピーエンドですよね。恋は成就しなかったけどね。

だから最初に「これはラブストーリーではない」と言っていたわけです。でも、3人とも誰かを愛したからこそ、その人を通して自分の中にあったものが見つかったんです。

列車を追いかけて

エリーは大学に行くため、列車に乗って街を去って行きます。その列車をポールが走って追いかけます。エリーは『野獣一匹』を観た時、「そんなことしても追いつくわけないんだから、意味ないわよ」と言っていましたが、ポールはエリーに自分が本当の友達だと伝えたいから走るんですよ。

映画で列車や車を追いかけるシーンは本当に切ないです。「追いつくわけないからです」。『万引き家族』(2018年)のラストシーンで自分の元を去っていく息子が乗ったバスを、彼の育ての親(リリー・フランキー)が走って追いかけるシーンについて、是枝裕和監督にインタビューした時、彼はそう言ってました。

『万引き家族』(2018年)

ムダだとわかっていても追わずにはいられない、論理を超える情念が迸（ほとばし）っているんです。ポールとは愛や恋を超えた心のつながりができました。他人は地獄じゃない、他人は他人じゃない、それをポールは教えてくれたんです。

エリーは信じられるものをひとつ、知りました。

他人への目線

走り出した列車の中で、エリーは他の乗客たちを見ます。今までエリーが全然興味がなかった他人たちです。

他の人たちは何をしてるのか？　窓から外を見ています。

この時エリーが何を考えているか、説明はありません。でも、監督のアリス・ウーはインタビューでこう言っています。

「エリーはこの時〝他の人たちもハーフ・オブ・イットを求めてるんじゃないか？〟と思っているんです」

ハーフ・オブ・イットはもしかしたら一生見つからないかもしれない。でも、それを求め続けることが人生なんじゃないか。

「自分以外の人たちにも、それぞれの人生があって……」なんてことをエリーは考えたことがなかったんですね。エリーとのやりとりの中で、アスターもこう言っていました。

「人は誰もが〝自分は他の人とは違う〟と思っていて、その点ではみんな同じなのよ」

面白いのはこれから

最後に、エリーは窓ではなくまっすぐ前を見つめます。列車の行き先を。

これも『卒業』と重なってきます。『卒業』のラストは花嫁のエレインを奪ったベンジャミンが、彼女と一緒に乗合バスの一番後ろの座席に乗るんですよ。

エレインはハッピーエンドでニコニコしてるけど、隣に座るベンジャミンは真剣な眼差しで前を見つめています。それを見たエレインも同じように前を見つめます。

物語はこれで終わりだけど、この2人にとってはこれから生活や試練が始まるからです。

だからエリーもまっすぐ前を見つめたんです。

彼女の人生は、まだ半分にも達してないんです。本当に面白いのは、いちばんいいところはこれから。

おわりに

すみません、話が横にそれたままなかなか戻ってこなかったりするのは、自分の文体というか、そういう思考回路なんです。

子どもの頃から何かに興味を惹かれると、すぐにそっちの方に行ってしまい、よく迷子になりました。いったん何かを好きになると他のことがまったく考えられなくなります。小学生の頃は怪獣図鑑を1冊丸ごと模写したり、中学では観た映画やビートルズのすべての曲についての感想をノートに書き綴ったり、意味のないことに熱中し続けて、そのまま今に至ります。

協調性もない子どもでした。他の人の気持ちを察することが苦手で、相手のことはおかまいなしで自分の言いたいことばかり話し、そのくせ、人の顔を見て話をすることができなくて……。だから、こんな自分は将来、誰かと恋愛をしたり、結婚したりできないだろうと本気で思っていました。

そんな自分でも誰かを好きになりました。その人の気持ちを知りたいと思いました。その人以外のことを考えられなくなりました。怪獣や映画やビートルズが好きになった時とよく似ていました。

でも、違うのは、愛されたいとも思うことです。そのために、自分の言いたいことを言うだけでなく、相手の話をじっと聞いて、目を逸らさないよう努力するようになりました。小さい頃からいくら親や先生に言われてもできなかったことを。それで直ったとはこの歳になっても言えませんが、少なくとも変わらなきゃと切望しました。

誰かを好きになった時、なぜだろうと考えました。その人のどこに惹かれたのか、と。それは自分と似ているからだったり、逆に自分とまったく違うからだったり、自分がそうなりたい理想だったりします。そして、その人と生きる人生を考えた時、自分の人生の目的も見えてきたりします。『愛がなんだ』のテルコが象を撫でる自分を見たように。

だから、人を好きになることは、他者への扉、自分の扉を開けるチャンスじゃないか。

本書で取り上げた映画からも、そんなことを感じました。

映画を好きになるのは、人を好きになるのと似ていて、いくら美しくても心を動かされない映画もあれば、理由はわからないけど、なぜか気になってしまう映画や、最初はピンとこなくても、何度目かの出会いで突然恋に落ちてしまう映画もあります。

本書で取り上げた映画を是非、ご覧になってください。あなたの扉を開けてくれる作品があるかもしれません。

今回も根気強く原稿を待ってくれた編集者の三浦修一さん、表紙に素敵なイラストを描いてくれた高柳カツヤさんに感謝します。

町山智浩（まちやま・ともひろ）

1962年生まれ。映画評論家。1995年に雑誌『映画秘宝』を創刊した後、渡米。現在はカリフォルニア州バークレーに在住。近著に『トランピストはマスクをしない コロナとデモでカオスのアメリカ現地報告』（文藝春秋）、『「最前線の映画」を読む Vol.2 映画には「動機（ワケ）」がある』（集英社インターナショナル）、『最も危険なアメリカ映画』（集英社文庫）、『町山智浩のシネマトーク 怖い映画』『町山智浩の「アメリカ流れ者」』（スモール出版）などがある。

町山智浩のシネマトーク
恋する映画

発行日 2021年4月17日 第1刷発行

著者 町山智浩

編集 三浦修一
装丁 木庭貴信+角倉織音(オクターヴ)
イラスト 高柳カツヤ
校正 会田次子
制作協力 みやーんZZ
発行者 中村孝司
発行所 スモール出版
〒164-0003
東京都中野区東中野3-14-1 グリーンビル4階
株式会社スモールライト
電話 03-5338-2360
FAX 03-5338-2361
e-mail books@small-light.com
URL http://www.small-light.com/books/
振替 00120-3-392156
印刷・製本 中央精版印刷株式会社

Printed in Japan
ISBN978-4-905158-97-4